Ford Taylor é o mestre da arte de *Liderança Relacional*. Es.. ....
que será um catalisador para a transformação pessoal e cultural em todo
casamento, família, instituição e organização que abraçar e implementar seus
princípios comprovados.

Em *Liderança Relacional*, Ford Taylor conseguiu fazer algo que muito poucos
conseguiram fazer com sucesso – preencher a lacuna entre ser relacional e ainda
obter resultados ... e tudo isso de uma forma que permite que as pessoas saibam
que são valorizadas e que suas escolhas são respeitadas. A abordagem prática
de Ford ajudará cada líder a tornar-se mais eficaz no lar, no trabalho ou onde
quer que esteja criando uma cultura na qual as pessoas são livres para prosperar
em uma atmosfera de abertura e responsabilidade. Ford também é um pioneiro.
Com o nível de transtorno organizacional que está sendo criado em todo o
mundo pela rapidez e magnitude do avanço tecnológico, esse é exatamente o
tipo de liderança que será necessária para ajudar a nos preparar para o futuro.
Já não é uma opção. É uma prioridade. Eu recomendo este livro!

Ford fala de maneira autêntica, convincente, relacional, de coração e mente. É
uma satisfação para mim ver membros da nossa rede do Pinnacle Forum viver
de forma robusta o seu chamado único e, ao escrever este livro, Ford fez
exatamente isso. A sua união de experiências de vida com percepções afetivas e
cognitivas é uma contribuição para o exame de liderança que não deve ser
ignorada.

Liderança Relacional de Ford é uma aprendizagem fundamental e essencial para
que líderes melhorem a vida daqueles que nos rodeiam, sejam eles
cooperadores, clientes ou familiares. Isso nos obriga a dominar a arte da
liderança tornando-nos tanto relacionais quanto transacionais em nossa própria
natureza. *Liderença Relacional* de Ford Taylor será leitura obrigatória para todo
gerente que eu contratar daqui em diante. Um líder *relacional* é o único tipo de
líder que vale a pena seguir!

Eu tenho o prazer de conhecer Ford por quase 35 anos. A vida do homem mudou espetacularmente porque ele aplicou as palavras deste livro antes de compartilhá-las conosco. Felicitações a Ford e sua equipe por mudar tantas vidas. Mergulhe e veja como elas lhe afetam.

—**PETER J. KUBASEK**, Sócio Administrador, ArkMalibu

Ford escreve a partir de uma base de experiência que dá credibilidade às suas palavras e traz vida às suas "ferramentas." *Liderança Relactional* é um conjunto notável de ferramentas testadas na realidade que permitem a qualquer um em qualquer lugar da organização trazer um novo nível de liderança aos desafios que todos enfrentamos no clima de negócios de hoje. Uma leitura obrigatória para o novato e para o expert!

—**ROBIN ALTLAND**, CEO, Performance Dynamics International

Ford pessoalmente treinou nossa empresa em Liderança Transformacional (TL) há cinco anos. Como resultado, vimos vendas de mesma loja aumentarem mais de um milhão de dólares por ano. Não só isso, temos empoderado nossos cooperadores para desempenhar suas funções com renovada energia e excelência por causa das ferramentas disponibilizadas para todos os líderes. Eu sou eternamente grata a Ford por sua abordagem abrangente, intencional e holística de liderança. Mal posso esperar para que nossa equipe mergulhe em seu novo livro e veja quais aspectos da liderança que todos podemos aprender a empregar em nossas vidas pessoais e profissionais.

—**BRITNEY RUBY MILLER**, Presidente, Jeff Ruby Culinary Entertainment

Líderes procuram influenciar outros de forma positiva, criar um impacto no mundo ao seu redor e encontrar sucesso e significado. A pergunta que mais ouço de líderes é como ter sucesso nos negócios sem perder a família, a paixão e o coração. Neste livro, Ford compartilha exatamente *como* ter sucesso em ambos com conselhos práticos, passo a passo e histórias que você vai amar e se identificar. Você é um líder, quer fazer a diferença, e quer construir uma empresa incrível enquanto cria relacionamentos profundos e amorosos com aqueles que são mais importantes para você? Este livro vai tirar anos da sua jornada fazendo exatamente isso! Obrigado, Ford, por escrever este livro tão necessário!

—**JOHN RAMSTEAD**, Diretor Executivo, "Top Leaders Listen To" da Revista Beyond Influence, *Inc.*, Apresentador do Podcast *Eternal Leadership*

Como administrador de uma filial e líder de uma grande equipe de representantes registrados e consultores financeiros, eu li e estudei muitos livros sobre liderança de autores conhecidos. Embora tenha recebido boas informações, nenhum deles me deu ferramentas práticas como *Liderança Relactional* que dramaticamente fizeram meu trabalho mais divertido, impactante e fácil para aqueles a quem sirvo. Leitura obrigatória para todos em liderança!

—**MICHAEL NEUMANN**, Administrador de Filial, Consultor Financeiro, Transamerica Financial Advisors, Inc.

As ferramentas de Ford fornecem respostas para *toda* pergunta e oportunidade em toda área de negócio e vida pessoal. Estas ferramentas "se encaixam" tão bem em nossa cultura desejada que as incorporamos no treinamento de *todos* os colaboradores. "Isso ajudou meu casamento, criação de filhos, relações com clientes..." Não tem preço! Bônus extra: nossos negócios e lucros aumentaram! Os ensinamentos de Ford têm sido uma excelente ferramenta para trazer novos colaboradores "a bordo" de nossa cultura.

—**MARTHA J. LOGAN**, Presidente, Korrect Encanamento, Aquecimento & Ar Condicionados

Liderança Relactional e suas ferramentas e processos estão transformando minha vida como líder. Muito mais do que um livro sobre teoria de liderança, este é um livro de aplicação prática, divisor de águas em todas as áreas de influência.

—**STEVE IVASKA**, Liderança Impacto Positivo

Ford fez o inimaginável ao trazer erudição e princípios práticos em uma obra de sabedoria. O resultado da aplicação do que Ford explica em *Liderança Relactional* terá os efeitos inegáveis de corrigir o curso de nossas vidas privada e profissional. Este livro é leitura obrigatória para todos que se importam com as pessoas que amam e com o trabalho que fazem!

—**RICK AMITIN**, Autor de *If Only I Had A Dad: Finding Freedom From Fatherlessness,*, Apresentador de "Rick on Life" na TV TLB, e Fundador de RickAmitin.com

Sinto-me perto dessa história; poderia ter sido eu e minha empresa. Oito anos de prática dos conceitos transformadores de *Liderança Relactional* tiveram um impacto profundo em minha vida, minha família, meus amigos e meu local de trabalho. Para mim, os aprendizados mais poderosos estão centrados nas ideias do TFA e no pedido de desculpas em seis passos. Fora a bíblia, este é o melhor manual de liderança que já li.

—**PIERRE PAROZ**, Presidente, American Micro

Este livro é leitura obrigatória para todos os líderes dominadores! Eu sou um líder transacional em recuperação. Ford é a razão porque agora sou um "líder *relactional*". O que é isso? Leia o livro para descobrir. Vai mudar sua vida e fazer sua liderança 10 vezes mais eficaz. Essa é uma leitura obrigatória para qualquer um que queira ser um melhor líder e melhorar seus relacionamentos em casa e no trabalho. Ótimo trabalho, Ford!

—**Os Hillman**, Presidente, Marketplace Leaders
Autor, *TGIF: Today God Is First*

Muitos líderes brilhantes, talentosos e capazes não possuem as ferramentas básicas necessárias para liderar seus colaboradores e equipes eficazmente, e como resultado suas empresas e organizações têm baixo desempenho. Ao mesmo tempo, pesquisas mostram que inteligência emocional é um dos maiores indicadores de sucesso. Ford Taylor é uma autoridade no que diz respeito a ensinar, treinar e equipar pessoas de diferentes contextos com estratégias simples que aumentarão sua inteligência emocional e lhes capacitarão a tornarem-se líderes que são verdadeiramente transformacionais. Os princípios que ele expõe nesse livro me mudaram, e se você investir o tempo para lê-lo, vai mudar você também.

—**Brian Lee**, Diretor Nacional, Beta Upsilon Chi, Inc.

Muitos podem assar um bolo. Um bolo gostoso que as pessoas desejam comer é um presente. Ford faz um bolo fenomenal! Você experimentará isso quando ler, provar, aplicar e compartilhar a sabedoria contida nas páginas. Líderes *relactionals* são pessoas com quem nos identificamos, focadas em resultados e cujo convívio é recompensador. Com Ford, essas características emanam de sucessos e falhas no mundo real, banhadas em confiança, verdade, transparência e um desejo de ver transformação pessoal e organizacional. O conteúdo desafia seu contentamento, produzindo um descontentamento que devemos confrontar. Não presuma entender sobre liderança até ter devorado este livro, ter passado pelo treinamento de Liderança Transformacional (TL) e se disciplinado na aplicação de sua riqueza. Esta obra prima revela pontos cegos e gargalos que, quando removidos, produzem resultados transformacionais. Aja e torne-se *relactional*!

—**John Barker**, Fundador, 213Consultancy.com

Eu vi os princípios de Ford Taylor não apenas explicados neste livro, mas vivido no trabalho, em casa e no lazer. De seu trabalho com empresas a organizações sem fins lucrativos a times esportivos de suas filhas a grupos de liderança comunitária em vários países, tenho visto e experimentado pessoas se tornando versões melhores de si mesmas. Que você possa experimentar um benefício semelhante ao ler e refletir sobre estas páginas.

—**DOUGLAS HOWE**, The Rawls Group, Insignia Foundation

Liderança Relactional oferece ferramentas e processos práticos de liderança eficaz, resultando em equipes que florescem. Os passos são fáceis de seguir e melhorarão relacionamentos e produtividade, diminuem estresse e ansiedade e removem restrições que impedem desempenho e crescimento. Ford Taylor escreveu um livro que é leitura obrigatória para qualquer um numa posição de liderança. Leia este livro – e aprenda com um dos melhores.

—**KENNETH D. LAWSON**, Proprietário e Presidente Executivo, C.C. Creations

Impacto e influência devem vir de um fundamento de relacionamento. Meu relacionamento com Ford Taylor vai além do que fizemos juntos e profundamente no fundamento do relacionamento autêntico com evidência na transformação de vida. O que você lerá nas páginas diante de você não é teoria com pouco impacto; é conhecimento cheio de vida com credibilidade relacional relevante tecida em seus detalhes. Porque testemunhei pessoalmente e experimentei estas verdades vividas de Ford para mim, posso atestar que este livro é um profundo documento de verdade e transformação.

—**PATRICK "PADDY" MCBANE**, Diretor & Fundador, Marketplace Solutions, Consultor, Coach, & Treinador de Liderança Transformacional (LT)

Ford Taylor tem uma habilidade única de comunicar verdades profundas de maneira simples! Os princípios que ele expõe neste livro podem transformar seus relacionamentos pessoais e de negócios. Passos e processos práticos são baseados em evidência científica sólida e bom senso comum. Se verdadeira liderança é definida como traçar um caminho para relacionamentos saudáveis, produtividade contínua e sucesso duradouro, então este livro deve se tornar um recurso inestimável para todos os que tiverem o privilégio de lê-lo. Eu endosso Ford e sua oportuna mensagem de todo coração.

—**LARRY WHITTLESEY**, Diretor Nacional, US Mission Network

Aos 40 anos achei-me preso "em uma caixa" onde não queria estar, apesar de ter o que eu achava ser uma vida empresarial e corporativa de sucesso (tendo sido parte da liderança executiva na África do Sul de empresas globalmente reconhecidas como Hewlett Packard, Oracle Corporation e Computer Sciences Corporation e tendo fundado uma empresa de serviços de investimento que estava crescendo). Os "ingredientes, ferramentas e receita" que você encontrará neste maravilhoso livro me ajudaram a encontrar cura pessoal e me capacitaram a dar passos para reconstruir confiança relacional em meu casamento, família e empresa depois de sete anos de adultério não confessado e comportamento antiético. Eles também abriram a porta para que Maude (minha esposa) e eu começássemos uma nova empresa que se foca em restaurar e desenvolver organizações usando os princípios de *Liderança Relacional* como parte de nosso chamado para sermos catalisadores para a transformação de liderança e econômica do continente africano.

—**PATRICK KUWANA**, Diretor Executivo e Fundador, Crossover Transformation Africa Coordinator, Unashamedly Ethical

Conhecemos o Ford Taylor há mais de 25 anos e sempre que ele fala, vamos embora com algo de grande valor. Ford tem uma mente para negócios brilhante combinada a uma maneira excepcional de explicar claramente técnicas de liderança revolucionárias. Qualquer um que queira melhorar sua habilidade de liderar outros e influenciar pessoas positivamente precisa ler este livro. *Liderança Relacional*, através de experiências da vida real e histórias, lhe dará muita inspiração para lhe fazer um melhor líder e pessoa. Para qualquer um que queira ter sua mente aberta por um líder de pensamento e um grande professor, este livro é uma leitura obrigatória.

—**MARK AND DIANA BAYLISS**

Ford Taylor é uma autoridade em desempenho individual e de equipe. Utilizamos os princípios de liderança transformacional de Ford para levar nossa organização a um nível mais alto. *Liderança Relacional* é mais do que apenas um livro; é um modelo para uma transformação significativa e mensurável - para indivíduos, famílias e todos os tipos de organizações. Todos precisam abraçar este poderoso "guia de campo" em sua missão de transformação - pessoalmente, no mercado ou em suas comunidades ... um relacionamento de cada vez.

—**JIM SCHUBERT**, Diretor de Cultura, Pure Flix Entertainment

Ford é genuíno. Eu trabalhei, ri, planejei e vi grandes vitórias ao seu lado por anos. Ele é um homem comprometido com a integridade de viver o que ensina. Essas ferramentas são vivas, eficazes e poderosas além da medida. O mundo seria verdadeiramente cheio de paz e sabedoria se milhões de pessoas aceitassem essas ferramentas em suas vidas. Tendo trabalhado em estreita colaboração com Ford e visto todos os aspectos do treinamento de TL em movimento, endosso fortemente o homem e o material. Aprecie, participe e beba profundamente deste poço de verdade, e você nunca será o mesmo.

–CATHERINE WEBB WILLIAMS, CEO, FSH Strategy Consultants

Se você estiver interessado em maneiras práticas e implementáveis de navegar e liderar em qualquer ambiente comunitário - seja comercial, governamental, familiar ou outras arenas que tenham a ver com mais do que apenas a si mesmo (ou seja, vida!) - faça um favor e leia este livro; depois, leia-o novamente; então, pratique-o. *Liderança Relacional*, que é uma maneira atraente de reunir as duas categorias principais que ocorrem em toda interação humana - relacional e transacional - fornecerá diretrizes fáceis de serem iniciadas. Mas, como qualquer coisa real, deve ser praticada repetidamente. Nossos "músculos *relacional*" precisam ser treinados - muito parecido com exercícios, aprender uma língua estrangeira ou um instrumento musical. Mas, como essas outras coisas "reais" na vida ... vale a pena!

–ROB STEASE, Proprietário, Honeymoon Paper Products

Ford tece as lições deste livro de tal forma que, no final, a bolha estoura e você não pode voltar atrás, mas tem que seguir sempre em frente, "além da bolha". Ao ler, identifiquei-me com um número de situações e não poderia deixar de aplicar as lições com grande sucesso, sem esforço. Na verdade, essas são as pepitas da vida cotidiana. Obrigado, Ford, por compartilhar novamente conosco como podemos transformar nossas vidas e, assim, transformar muitas vidas em nossos círculos de influência e além, para o bem maior.

–VALENTINE GITOHO, Co-fundadora e Presidente, African Council for Accreditation and Accountability

A capacidade de liderar em contextos transculturais de maneira igualmente relacional e transacional nunca foi tão importante quanto é hoje. *Liderança Relacional* oferece à nossa organização internacional as ferramentas práticas para liderar e influenciar no mais alto nível de governos civis e religiosos. Essas ferramentas não apenas funcionam, mas também honram o indivíduo e a equipe!

–RAY AND LINDA NOAH, Co-Fundadores, Petros Network

Todos já lemos muitos livros sobre liderança. Todos parecem iguais, concentrando-se em como e o que fazer. Frequentemente, os livros estão focados nos passos para levar ao sucesso - o lado transacional da liderança. Mas onde o relacionamento se encaixa em tudo isso? Ford Taylor, em *Liderança Relacional*, pega todos as melhores características de um líder transacional e todas as melhores características de um líder relacional e as combina em um livro que resume o que todos os melhores líderes do mundo já sabem: relacionamentos são tão importantes quanto as transações. E quando você equilibra os dois, você pode transformar empresas, países, cidades e famílias.

—JIM BRANGENBERG, Apresentador de Programa do Rádio iWork4Him

Vivendo em uma época que continuamente se concentra em autoconsciência e melhoria, não há fim para os livros que abordam este assunto. No meio de muitas vozes dando conselhos, Ford Taylor acrescenta sua voz medida, precisa e afiada. Ford é um homem que aprendeu o que significa "viver o que fala". Este livro, ao abordar o tópico familiar da liderança, está em uma classe própria. O impacto deste livro encontra-se não apenas na sabedoria e em numerosos acrônimos que ajudam o leitor a lembrar e aplicar princípios de liderança, mas também à narração vulnerável e autêntica fornecida por Ford. Ele escreve não apenas sobre seus sucessos, mas também sobre seus fracassos. Sua honestidade comunica ao âmago de nossa identidade, para sermos aceitos apesar de nossos pontos fortes e fracos. Suas histórias, assim como as parábolas, baixam a guarda do leitor e nos abrem para ouvir os princípios vitalizadores - princípios que existem entre os estilos de liderança transacional e relacional.
Se você quiser ver verdadeira mudança acontecer em sua vida pessoal, sua família ou sua empresa, não poderá ler este livro apenas uma vez. Acredito que muitas vezes você retornará às suas páginas em busca de orientação e conselhos - conselhos que transformarão a maneira como vive, ama e, fundamentalmente, cria um legado duradouro.

—GRAHAM POWER, Fundador, Dia Mundial de Oração e
Unashamedly Ethical

Liderança Relacional e *Liderança Transformacional*... é simples…, mas não é fácil. É necessário um esforço intencional contínuo para aprender e usar o kit de ferramentas *relacional*. Até hoje, as ferramentas continuam a me ajudar a identificar e priorizar as restrições pessoais e organizacionais que me impedem profissional e pessoalmente. Minha organização, casamento, paternidade e amizades alcançaram novos máximos por causa da Liderança Relacional ... e, por isso, sou eternamente grato.

—BRYAN KAISER, Presidente, Vernovis

Ford Taylor é o homem mais livre que já conheci. É também o melhor líder que já conheci. Hoje, quando enfrentamos uma crise de liderança global, precisamos do ensino de Ford. Tendo trabalhado com um grande ministério por mais de 20 anos, recebi excelentes oportunidades de treinamento de liderança. No entanto, depois de encontrar Ford em 2010 e aprender seu estilo de vida *relactional*, eu não sou o mesmo. Há sete anos, Ford e eu andamos juntos e eu o testemunhei viver tudo o que ensina. Não apenas o ensino de Ford é revolucionário, mas como ele ensina os princípios é verdadeiramente transformador. Nossas famílias, nossas escolas, nossos negócios, nossos governos, nosso país e nosso mundo precisam do que Ford oferece em *Liderança Relactional*. Sei que se você escolher viver o estilo de vida *relactional*, vai mudar o mundo ao seu redor!

—**DEMARICK PATTON**, Cru Cidade, Orlando

LIDERANÇA
RELACTIONAL

COMO FORMAR EQUIPES
DE ALTO DESEMPENHO
COM RELACIONAMENTOS SAUDÁVEIS

FORD TAYLOR

HIGH BRIDGE BOOKS
HOUSTON

Liderança Relacional
por Ford Taylor

Traduzido do original em inglês
por Ester Lindoso Moore
Relactional Leadership
High Bridge Books

ISBN (Paperback): 978-1-946615-74-9

www.HighBridgeBooks.com

Published in Houston, Texas by High Bridge Books

CONTEÚDO

Introdução à Versão Brasileira

Ao ler o título deste livro, talvez você tenha se perguntado o que *Relactional* quer dizer. Obviamente você terá que ler todo o livro para ter uma visão completa do que significa ser um líder *relactional*, mas de um ponto de vista linguístico, gostaria de explicar as razões porque mantivemos o título com uma palavra tão diferente e como isso afetou o uso desta expressão por todo o livro.

Relactional é a combinação de duas palavras em inglês: *relational* e *transactional* (relacional e transacional). Estes termos descrevem dois tipos de pessoas, o primeiro sendo o grupo daqueles que são altamente relacionais, ou voltados para relacionamentos e, o segundo, o grupo de pessoas voltadas à transação, para quem completar a tarefa é mais importante do que o relacionamento. A combinação, portanto, indica uma pessoa que completa tarefas sem negligenciar relacionamentos.

A tradução do termo para o português encontra sua primeira dificuldade no fato de que o final de ambas palavras é igual ("cional"), fazendo impossível sua tradução na mesma sequência do inglês. A opção contemplada então foi inverter a ordem das palavras: primeira parte de TRANSacional + toda a palavra RELACIONAL. Teríamos então a palavra TransRelacional. Contudo, a palavra iniciada com o termo TRANS já vem com uma conotação não pretendida, em meio à nova terminologia associada com a teoria de gênero.

Além desta dificuldade de tradução, a palavra RELACTIONAL tornou-se parte da marca de Liderança Transformacional e foi decidido manter a palavra, não importa a língua em que o material for traduzido.

Com esta decisão, então, outras precisaram ser tomadas na versão do material de Liderança Transformacional em português.

Relactional é um adjetivo que descreve o líder e vários aspectos de sua liderança. Como tradutora, escolhi fazer o plural da palavra como se fosse uma palavra em inglês, apenas acrescentando o *s* no final, em vez de seguir a regra gramatical da língua portuguesa que determina que uma palavra terminada em *l* tem seu plural formado pela substituição do *l* por *is*. Quando descreve a maneira de liderar, o adjetivo *relactional* tornou-se o advérbio *relactionalmente* em português.

Relactional é apenas um dos conceitos criados por Ford Taylor em *Liderança Relactional*. Há muitos outros conceitos que, mesmo para o leitor na língua original, não fariam sentido sem uma explicação. Eu procurei manter a tradução o mais próximo possível do original, embora às vezes tenha optado por uma expressão que contenha em si o significado expresso, sem, contudo, usar a palavra correspondente no português (como toda tradução precisa fazer).

Com certeza os termos originais associados às ideias originais fazem de *Liderança Relactional* um livro único em sua categoria.

—**Ester Moore**
Tradutora

Introdução

LIDERE *RELA*CTIONALMENTE

EM SUA ORGANIZAÇÃO, o que acontece quando pessoas altamente relacionais se chocam com pessoas altamente transacionais? O que acontece quando colaboradores orientados a pessoas cruzam com colaboradores orientados à tarefa? Estresse? Ansiedade? Raiva? Fofoca? Baixo desempenho?

Em um extremo da linha contínua do relacionamento estão pessoas altamente relacionais. Para essas pessoas, o relacionamento é a parte mais importante de tudo o que fazem.

No outro extremo da linha, estão as pessoas que são altamente transacionais. Não é que essas pessoas não se importam com relacionamentos; é que para elas terminar a tarefa é muito mais importante.

O que aconteceria se pessoas altamente relacionais tivessem as ferramentas para se tornarem mais transacionais sem renunciar sua inclinação natural para o relacionamento, e pessoas altamente transacionais tivessem as ferramentas para serem mais relacionais sem renunciar sua inclinação natural para a tarefa? Uma das suas principais funções como líder é fornecer essas "ferramentas" para que seus liderados possam se relacionar bem e fazer bem seu trabalho.

O principal desafio de liderar pessoas com estilos de personalidade tão diversos é que *você* também tem seu próprio estilo. Mas, para que sua organização tenha um alto nível de desempenho, não basta confiar exclusivamente em seu estilo padrão de liderança pessoal.

É importante liderar relacionalmente *e* transacionalmente. Isso se chama *liderança relactional*.

À medida que você modela essa abordagem *relactional*, as pessoas em sua organização - quer sejam poucas ou muitas pessoas - se tornarão mais felizes e mais produtivas como resultado. Um líder *relactional* produz uma equipe *relactional*. Ele cultiva organizações nas quais as pessoas se dão bem *e* trabalham bem. Para que essa transformação comece a acontecer na sua organização, ela deve começar com você, o líder.

Sim, *você* é um líder. Se você tem influência sobre pelo menos uma pessoa, isso faz de você um líder. E quando duas ou mais pessoas estão em relacionamento, isto é uma organização. Então, se você tem influência sobre pelo menos uma pessoa em qualquer organização, esse livro é para você.

Ferramentas, Ingredientes, e Comportamentos da Liderança *Relactional*

Viajei por muitas cidades e países ao redor do mundo, e descobri que quase todo mundo que conheço é inteligente, dotado ou talentoso em pelo menos uma área - muitas vezes, em várias. Descobri também que quase todas as pessoas que conheci têm um coração enorme. Então, anos atrás, comecei a me perguntar: *se tantas pessoas são inteligentes, dotadas ou talentosas e também são de bom coração, por que essas não são as pessoas sobre as quais ouvimos na mídia com mais frequência?*

Ao ponderar sobre essa pergunta, comecei a perceber que muitos nunca receberam o **quem**, **o quê**, **quando**, **onde**, **por quê** e **como** da liderança. A maioria recebeu o *"o quê"*, mas poucos aprenderam sobre as ferramentas e processos práticos da liderança eficaz. Foi então que percebi que liderança é como assar um bolo.

Assar um bolo requer diferentes ingredientes, ferramentas e uma receita. Além disso, os bolos mais saborosos contêm muitos ingredientes que, sozinhos, não têm sabor tão bom quanto outros. Mas, por algum motivo, quando eles são misturados nas proporções certas, da maneira correta e assados na temperatura certa, o bolo tem um gosto muito bom.

Liderança é assim. Quando líderes têm as ferramentas, os ingredientes, a receita certa e um entendimento do processo (o "como"), eles podem liderar e influenciar em níveis que jamais imaginaram.

Muitos líderes foram ensinados sobre como gerenciar pessoas, mas poucos foram ensinados sobre ferramentas práticas, ingredientes e comportamentos para liderar pessoas e gerenciar processos, políticas, sistemas e procedimentos em torno dessas pessoas eficazmente. Este livro irá ajudá-lo a adquirir essas ferramentas, ingredientes e comportamentos necessários para se tornar um líder *relacional* que pode desenvolver equipes que prosperam de forma relacional e transacional.

Na história a seguir, você verá como as ferramentas, os ingredientes e os comportamentos da liderança *relacional* convergiram em ação para reverter uma empresa em dificuldades. Ao ler, preste muita atenção às áreas com letras em **negrito**. Estas são muitas das ferramentas, ingredientes e comportamentos que você aprenderá em sua jornada através deste livro.

Liderança *Relacional* em Ação

Minha empresa foi chamada para corrigir e reverter uma empresa que estava perdendo aproximadamente US$ 250.000 por mês. Eles nos pediram para falar com seu banco porque este estava planejando fechá-los. No banco, eles nos perguntaram: "O que você faz que é diferente do que os outros fazem?" Isso é um pouco difícil de explicar porque muitas pessoas acreditam que o que estamos fazendo é apenas o "lado relacional" dos negócios. Eles não percebem o quanto ele afeta a produtividade e como combinar os dois aumenta a lucratividade.

Os dois proprietários me explicaram:

– O banco nos disse que se não conseguíssemos restaurar a empresa, eles iriam fechar nossas portas em sete semanas. Disseram que se usássemos seu serviço e não conseguirmos restaurar a empresa é o que acontecerá. Se usássemos a pessoa deles, mas não restaurarmos a empresa, eles nos dariam mais tempo. O que você faria?

Francamente eu disse:

– Eu usaria a pessoa deles. É mais seguro.

Enquanto estava em seu escritório, eles ligaram para o banco e disseram:

– Tomamos uma decisão. Vamos trazer o Ford Taylor e sua equipe.

Quando iniciamos o processo de transformação, a equipe desta empresa era altamente disfuncional. Era um negócio familiar, mas a família não se dava bem. Os funcionários não se davam bem. Não havia uma visão clara. Não havia **segurança** alguma quando entrávamos numa sala. E nós só tínhamos sete semanas para mudar as coisas.

Em primeiro lugar, estabelecemos um **pacto coletivo** para criar segurança e confiança, bem como para poder responsabilizar as pessoas se não agissem da maneira como concordamos em agir. Certificamo-nos de que todos entendiam como liderar uma reunião usando o **modelo S.I.D.E.A**. Esclarecemos que o **feedback** de todos seria valorizado à medida que seguíssemos adiante. Ensinamos sobre **raiva** e ajudamos o CEO da empresa a entender que sua raiva era um grande problema para a empresa. As pessoas não sentiam que podiam dar seu feedback para ele. Ele começou a aprender a ficar **em silêncio** quando sua raiva emergia.

Quando começamos a trabalhar, precisamos ter uma **visão compartilhada**. Essa visão era restaurar a empresa em sete semanas. Isso significava que precisávamos **identificar as maiores restrições** da empresa antes de poder avançar. Não poderíamos apenas lidar com os **sintomas**. Tínhamos que enfrentar os problemas que estavam causando o impacto mais significativo. Essas coisas são extremamente difíceis de se fazer quando as pessoas não se sentem **seguras**. Se elas não se sentem seguras para trazer os grandes problemas à tona, elas só falarão sobre coisas fáceis.

As pessoas começaram a **encorajar** umas às outras. Elas começaram a falar sobre seus **problemas de hipocampo** e como essas questões estavam fazendo essa transformação mais difícil.

Elas estavam vivendo o pacto coletivo. Eu podia dar uma batida leve na mesa ou na perna do CEO quando sua raiva surgia. Ele estava abraçando a prática de **P.S.A.**: "Mude o pensamento. Mude o sentimento. Mude a ação." Ele ficava em silêncio em vez de expressar sua raiva de maneiras contraproducentes e destrutivas.

Anteriormente, as vendas desta empresa estavam em declínio, seus custos estavam aumentando, eles estavam perdendo clientes e o banco estava prestes a fechá-los. Por causa do **ambiente seguro** que fora criado, pudemos começar a perguntar: "Quais são os maiores problemas aqui?" Identificamos que seu fluxo de caixa era um problema. Seus preços eram um problema. Sua **cultura** era um problema. A falta de **comunicação** era um problema. A falta de uma **visão clara** era um problema. Os departamentos de vendas e produção não se davam bem. Vendas não lucrativas e prazos de entrega não cumpridos eram acontecimentos comuns.

Eu acreditava que a restrição número um era a falta de fluxo de caixa. Raramente as pessoas consideram o fluxo de caixa ruim como a maior restrição de sua organização. Desesperados por melhorias, eles perguntavam: "Como lidamos com isso?"

– Traga uma lista completa de todo o seu estoque para mim – eu disse.

Quando comecei a olhar para o estoque deles, disse:

– Vocês devem começar a vender esse estoque mesmo abaixo do que custou para vocês.

Essa recomendação foi extremamente confusa para eles. Mas eles já tinham absorvido todos esses custos. Eles já tinham gastado esse dinheiro. Não fazia sentido não movimentar o estoque. Eles precisavam do dinheiro. Quando começaram a fazer isso, o problema do fluxo de caixa foi corrigido.

Então eu comecei a olhar seus preços e percebi que eles estavam vendendo seu produto muito barato. Eu disse:

– Posso me reunir com alguns de seus clientes?

Antes de chegar para uma reunião com um cliente, disse à equipe executiva da empresa:

– Vocês **confiam** em mim?

– Sim – eles disseram.

– Porque eu vou dizer algumas coisas a seus clientes hoje que talvez a princípio vocês não gostem – eu disse.

Nós entramos numa sala com os líderes dessa empresa de US$ 12 bilhões que comprava dessa empresa de US$ 21 milhões. Durante essa visita, a primeira coisa que fizemos foi aplicar o **modelo S.I.D.E.A.** Eles não estavam acostumados a isso. Eu comecei dizendo: **"Diga-nos algo bom."** Ao prosseguirmos com a reunião, eu expliquei:

– Obrigado por aceitarem se reunir conosco hoje. Eu sei que vocês são extremamente ocupados. E sei que vocês perceberam que essa empresa não está tendo um bom desempenho. Eu entendo que eles estão pedindo um preço mais alto do que vocês querem pagar.

Logo eles me perguntaram:

– Por que você está aqui?

– Bem, é muito simples, – eu disse. – Eu tenho duas pastas em minha mão. Esta pasta contém instruções sobre como fechar essa empresa. Esta outra, instruções sobre como restaurá-la. Se você não precisa dela operando ou não a quer operando, vamos ter que fechá-la porque não podemos sobreviver sem sua ajuda.

Felizmente, ninguém da nossa equipe gerencial teve um ataque cardíaco. Eles ficaram no jogo.

Os representantes da grande empresa responderam rindo e um deles disse:

– Nós a queremos operando.

– Então podemos falar sobre *esta* pasta? – eu perguntei.

– Sim – eles disseram.

– A situação é a seguinte: nós não podemos continuar fabricando esses produtos a esses preços. Nós não temos outra opção a não ser pedir um aumento de preço.

Eles me disseram:

– Eles estão pedindo por um aumento de preço há um ano e meio. Por que você acha que vai conseguir hoje?

– Porque acho que o que eles estão pedindo é demais – respondi.

– O que você acha que deveríamos estar pagando?

– Baseado em todas as avaliações, – expliquei – acredito que esse preço (dei um preço) é o certo.

– Combinado. Isso é uma diferença de um centavo do que estamos pagando a todos os outros.

– Outra coisa é que eles devem a vocês cerca de US$ 400.000 em descontos concedidos, mas eles não têm condição de pagar. Eles nunca vão ter condições de pagar isso e ficar em operação. Eu vou pedir que vocês perdoem essa dívida.

Eles começaram a rir. O diretor financeiro olhou para mim e disse:

– Feito. A gente já deu baixa nisso.

Pessoas inteligentes gostam de fazer negócios com pessoas inteligentes, então eles fizeram tudo o que era necessário para manter o relacionamento.

Viu a diferença na **confiança** que resulta de sermos **honestos e diretos**? Os resultados são muito diferentes do que se meramente lidamos com os sintomas. Quando lidamos com a verdadeira restrição ou problema, os sintomas começam a se resolver.

Nós voltamos para a empresa e começamos a produzir novos produtos que seriam vendidos a preços mais altos.

Dois dias depois, eles me mostraram outro produto que não tinham me mostrado antes e que tinha o mesmo problema de preço. Eu tive que ligar pra o mesmo cliente e dizer: "Estou muito envergonhado, mas eu preciso de sua ajuda com outro produto também." Eles aprovaram o aumento de preço mais uma vez.

Essa equipe agora confiava em mim, eles estavam começando a confiar uns nos outros, nossos preços tinham subido e nós tínhamos fluxo extra de caixa.

Nesta fase, poderíamos **definir claramente cada papel** e quem precisava cumprir esses papéis. Isso aumentou a confiança ainda mais.

Agora tínhamos um CEO que **falava por último** nas reuniões. Ele não era mais o único fazendo todas as exigências.

A equipe sabia como **lidar com clientes irritados** e com seus **colegas irritados** através de técnicas como os lembretes sobre P.S.A nas reuniões.

Cerca de um mês depois do início do processo, eles receberam uma ligação do banco dizendo: "Vamos fechar sua empresa." Eles iam fechar essa empresa antes do prazo de sete semanas que haviam dado.

Eles me pediram para conversar com o banco e eu concordei. O banco ligou e, no viva voz, disse:

– Vocês sabem que estou ligando com uma notícia ruim.

Os proprietários da empresa disseram:

– Antes de nos dar a notícia, você daria Ford um minuto pra falar?

– Sim – ele disse.

Eu dei o passo a passo específico do que tínhamos feito nas últimas quatro semanas e como tínhamos acrescentado cerca de US$ 2,5 milhões em vendas anuais e como, nas próximas quatro semanas, poderíamos produzir aproximadamente a mesma coisa se eles nos dessem mais um mês.

O banqueiro ficou em silêncio. Pensamos que a ligação tinha caído. Este foi o mesmo homem que havia nos dito que o que estávamos fazendo não ia dar certo. Poderíamos ter ouvido uma agulha cair no chão.

Ele retornou e repetiu tudo para mim:

– Você está me dizendo que conseguiu um aumento de preço, acelerou entregas e que as pessoas da equipe estão querendo trabalhar juntas?

– Sim, isso é o que está acontecendo. E eles agora têm um plano para acrescentar essa mesma quantia de dinheiro no próximo mês. A equipe nessa empresa é forte. Eles só estavam no caminho errado e agora estão no caminho certo.

Ele ligou de volta depois de alguns minutos e disse:

– Vamos dar a vocês mais quatro semanas.

Uma semana depois ele e seus chefes vieram nos visitar de duas cidades diferentes. Eles se reuniram conosco e disseram que ao analisar a contabilidade, haviam encontrado uma soma de 1 milhão de dólares em perdas das quais eles não sabiam. A situação era pior do que todo mundo pensava. Quando esses chefões do banco entraram, eles disseram: "Vocês sabem que estamos aqui para pegar suas chaves, né?"

Usando o modelo S.I.D.E.A., eu pedi que eles me falassem um pouco sobre si mesmos. Um deles por acaso era um caçador. Bem, eu havia sido um caçador quando era mais jovem, então comecei a falar com ele sobre caçar. Muitas pessoas diriam: "Essas coisas não funcionam com banqueiros. Por que você falaria com ele sobre caçar?" Eu falei sobre caçar com ele porque queria estabelecer um **relacionamento baseado num terreno em comum,** para que tivéssemos algo em comum ao entrar no que eu sabia que seria uma conversa difícil.

No meio da reunião, eu perguntei se meus clientes me permitiam falar com os banqueiros sozinho. Foi preciso muita confiança para eles saírem da sala e deixar o consultor falar com o banqueiro que tinha acabado de dizer: "Estou pegando suas chaves." Naquele momento eu sabia que tínhamos feito a transição para o **estágio quatro** ou talvez até **estágio cinco** como equipe.

Eu olhei para o banqueiro e disse:

– Antes de você dizer qualquer coisa, tenho uma pergunta para você.

– Vocês acabaram de me dizer que o diretor financeiro saiu e que ele pediu demissão. Seja honesto. Vocês o demitiram, não foi?

– Não, nós não o demitimos. Eu garanto que não.

– Esse tipo de erro? – ele disse. – Foi um erro de contabilidade de 1 milhão de dólares.

– Nós não tivemos que demiti-lo. Ele pediu demissão. Eu não vou ser desonesto com vocês.

– Você o teria demitido se ele não tivesse pedido demissão?

– Essa não é minha responsabilidade. Você vai ter que perguntar ao CEO.

Eu sabia a resposta dessa pergunta, mas não tinha que responder. Eu olhei pra ele e perguntei de novo:

– Posso lhe fazer uma pergunta?

– Pode.

– Por que agora? Depois de toda essa melhoria, sabendo que estamos quase lá. Por que tomar as chaves hoje? Eu não entendo. Se você as tivesse tomado 7 semanas atrás, eu teria concordado com a decisão 100 por cento. Eu as teria jogado para vocês. Mas agora, você está tirando 250 empregos depois de todas essas melhorias? Você pode me ajudar a entender isso?

Depois de uma longa conversa de perguntas e respostas o cara disse:

– Sabe de uma coisa? Não vamos tomar as chaves. Vamos lhe dar mais duas semanas.

Dentro daquele período de sete a oito semanas, aquela empresa passou de um empresa que perdia aproximadamente US$ 250 mil por mês para uma empresa que ganhava US$ 250 mil por mês através do processo de **resolver restrições, clareza de papéis**, entendimento de como estabelecer um **modelo de disciplina**, um **pacto coletivo**, e entendimento de como tratar uns aos outros. A equipe entendeu que eles tinham que ser **lucrativos**. À medida que o lado relacional e o lado transacional trabalhavam juntos nessa empresa, a equipe tinha se tornado *relacional* – o que os levou a **melhorias contínuas**. Agora aquela equipe podia trabalhar junta. Eles podiam construir a equipe juntos. Eles começaram a **treinar** mais seus empregados.

Houve um aumento de aproximadamente US$ 500 mil por mês na lucratividade dessa empresa de US$ 21 milhões. Porque a empresa estava ganhando dinheiro, aproximadamente 250 funcionários puderam manter seus empregos.

Pela primeira vez na vida, o CEO da empresa ouviu de seu pai de 80 anos: "Eu amo você, meu filho. E estou orgulhoso de você."

Ao aplicar o que ler nesse livro, você irá adquirir ferramentas, ingredientes e comportamentos que podem ajudá-lo a liderar relacionalmente, desenvolver equipes *relactionals* em todas as esferas de influência de sua vida e experimentar as recompensas tangíveis e intangíveis que resultarão disso. Isto é **liderança transformacional** em sua melhor forma.

Parte 1

PENSAMENTO *RELA*CTIONAL

1

Torne-Se Um Pulador de Bolhas

Você tem dificuldade com mudança? Eu também tinha. Houve um tempo em meus negócios e em meu casamento que eu pensava que sabia de tudo. Era difícil para mim receber feedback construtivo, especialmente se eu sentisse que esse feedback era uma crítica a mim – o que eu frequentemente sentia. Por não conseguir receber feedback, mudança era difícil para mim. Eu tinha uma *necessidade* de estar certo o tempo *todo*.

Houve uma época em que eu morava em College Station, Texas, mas viajava para Cincinnati, Ohio, quase toda semana. Eu estava fora 50 das 52 semanas do ano. Eu saía no domingo às 4 da tarde, dirigia por 2 horas, pegava um voo para Ohio e voltava para casa por volta de meia-noite da sexta. De vez em quando eu tinha sorte e só precisava sair às 4 da manhã da segunda em vez de no domingo à tarde.

Depois de vários meses fazendo isso, certa vez cheguei em casa, no Texas, à meia-noite. A casa estava escura. Quando estava indo para meu quarto, ouvi essa voz de 6 anos de idade dizer:

– Oi, papai. Posso dormir com você hoje à noite?

Eu olhei para ela e disse:

– Oi, docinho. Eu já volto. Vou escovar meus dentes.

Quando voltei disse a ela:

– Você pode dormir aqui hoje a noite se quiser.

Quando minha cabeça estava prestes a tocar o travesseiro – e eu normalmente levo de 5 a 10 segundos para adormecer – minha filha disse:

– Papai, podemos comer um lanche?

Por estar viajando muito e não achar que era um bom pai e marido, sentia muita culpa naquela época. Minhas filhas poderiam me pedir qualquer coisa que eu tivesse condições de comprar que eu lhes daria. E claro que eu tinha condição de lhe dar um lanche. Então eu saí da cama, passei pela sala e fui para a cozinha. Perguntei:

– O que você gostaria de comer?

– Vamos tomar sorvete.

Aquilo foi esquisito porque ela não gosta de sorvete. Mas se você colocasse 100 comidas numa mesa junto com sorvete e me forçasse a escolher um, eu escolheria sorvete. Enquanto colocava sorvete nas tigelas na cozinha, olhei para a sala e vi minha filha de seis anos ligar a televisão. Então a vi virar as duas poltronas reclináveis de lado. Ela pegou duas cadeiras da cozinha e as empurrou até o limite entre a cozinha e a sala para que pudéssemos ver por entre as poltronas reclináveis que ela havia virado.

Nós dois sentamos nas cadeiras da cozinha com os pés na sala, assistindo ESPN na televisão por entre as poltronas, depois de meia-noite. Eu estava pensando: *eu vou acabar com outra tigela de sorvete porque ela nem gosta de sorvete*. Olhei para ela e a vi remexendo seu sorvete com a colher. Depois de alguns minutos – eu tomando meu sorvete e ela, rodando a colher no seu – ela me perguntou com sua vozinha:

– Papai, posso lhe fazer uma pergunta?

– É claro, querida. Você pode me fazer uma pergunta sempre que quiser.

– Papai, sabe aquela coisa que você está fazendo em Cincinnati?

– Sim?

– Você se ofereceu pra fazer isso ou alguém pediu para você fazer?

– Alguém me pediu para fazer.

Ela nunca olhou para cima. Ela continuou mexendo o sorvete na tigela. Depois de alguns segundos ela disse:

– Papai, você acha que eles podem pedir outra pessoa para fazer isso?

Naquele momento meus olhos se encheram de lágrimas e senti um nó na garganta. Aqui estava minha filha de seis anos me dizendo: "Papai, precisamos de você em casa".

Depois de me recompor respondi a ela:

– Sabe, querida, se o papai não estivesse lá ajudando essas pessoas, várias pessoas não teriam seus empregos.

A menininha nunca tirou os olhos do sorvete. Ela simplesmente disse:

– Então... tá tudo bem, papai.

A verdade é que eu precisava considerar todo feedback relevante. Eu tinha que decidir se ia continuar fazendo o que estava fazendo.

Naquela época a diretoria corporativa estava tentando me influenciar para que eu me mudasse para Cincinnati, mas esta não era uma decisão a ser tomada levianamente.

No dia seguinte tive uma conversa com minha esposa Sandra e disse:

– Querida, temos uma escolha a fazer. Nós podemos mudar nosso escritório corporativo de volta para o Texas, nos mudar para Ohio ou eu posso pedir demissão e fazer outra coisa. Porque o que estou fazendo agora está destruindo nossa família.

O feedback da minha filha foi altamente relevante, eu tinha que reconhecer, e eu tinha que me responsabilizar por fazer as mudanças necessárias.

Se você decidir seguir essa trilha, ficará surpreso de onde feedback bom e sólido virá. Talvez até de uma garota de seis anos.

Se minha esposa tivesse me dito algo naquela época, minha raiva teria explodido e eu teria dito algo como: "Estou trabalhando duro e ganhando muito dinheiro. Você tem um ótimo estilo de vida. Por que você está me pedindo isso?"

Ao longo do tempo, aprendi duas lições importantes: 1) *todo feedback pessoal é relevante* e 2) *mudança raramente acontece até que a dor de permanecer o mesmo supere a dor de mudar.*

Pulando de Bolha em Bolha

A maioria de nós concordaria que todos temos uma determinada maneira de pensar. Fomos ensinados toda nossa vida que nossa maneira de pensar é pensamento "dentro da caixa." Todos nós ouvimos muitas vezes que precisamos aprender a pensar "fora da caixa." Eu argumento que isso não funciona.

Quando estamos dentro de uma caixa (nosso modo de pensar), podemos ver ou ouvir algo que nos encoraja a mudar. Estamos encorajados e decidimos tentar sair daquele pensamento e fazer uma mudança. Mas quando saímos da nossa caixa, sentimo-nos desconfortáveis e inevitavelmente *rastejamos* de volta para nossa caixa. Não apenas voltamos; *rastejamos* de volta.

Mais adiante ouvimos algo que nos encoraja e pensamos: *Eu posso fazer isso!* Então damos um passo para fazer a mudança desejada e fica desconfortável de novo. Mais uma vez nos rastejamos de volta para nossa velha caixa, nosso modo de pensar e comportamento.

Eu acredito que seu pensamento deve mudar *antes* de você sair de sua caixa. Você deve tomar uma decisão e aceitar que vai haver desconforto. O pensamento antes de sair da velha caixa deve ser: *O desconforto vai vir, e quando vier, eu não vou rastejar de volta para a caixa*. Tome a decisão. E antes de sair da caixa, garanta que seus "amigos de empurrão" vão estar à sua disposição para lhe impedir de rastejar de volta. (Você vai aprender sobre *"amigos de empurrão"* neste livro).

Se você ficar fora da caixa tempo suficiente, vai começar a ver aquela caixa de um ponto de vista diferente. Você se afastará da caixa, mas poderá colocar as boas coisas daquela caixa em seus bolsos e levá-las com você, deixando para trás as coisas e comportamentos ruins. Você vai ver que não está mais *dentro* ou *fora* da caixa; você está *além* da caixa. É então que você percebe que o desconforto de rastejar de volta seria o mesmo de seguir adiante.

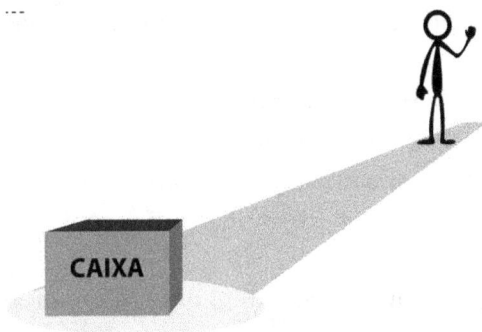

Se você ficar além da caixa tempo suficiente, terá um novo modo de pensar. Esse pensamento é o que chamo de *além da bolha*. Uma bolha é formada quando a pressão do lado de fora é exatamente igual à pressão dentro, e a bolha inevitavelmente estourará quando a pressão mudar. Em algum momento toda bolha estoura. Então, se estiver pensando em uma bolha, sabemos que a pressão do lado de fora ou de dentro vai mudar. Isso acontece no nível pessoal bem como em organizações.

Em preparação para o estouro de suas bolhas, ajudará se você esperar o inesperado. Imprevistos inevitavelmente acontecerão. Se aprender a aceitar essa realidade, será mais fácil para você e sua organização atravessar e superar os imprevistos de maneira bem melhor.

E quando uma bolha estoura, não podemos voltar para ela porque a bolha não existe mais. Precisamos fazer uma transição para uma nova bolha. Isto é o que chamo de "pular de bolha em bolha."

Tenho certeza de que você ouviu o termo *mudança de paradigma*. Isso é o que acontece quando pulamos de bolhas. Estamos agora em uma nova bolha. Mais tarde, nessa nova bolha, a pressão dentro ou fora pode mudar novamente. Quando mudar teremos que passar para uma nova bolha, mas não poderemos voltar ao antigo comportamento ou modo de pensar.

Líderes transformacionais aprendem a pensar além da caixa. Eles decidem ficar desconfortáveis, deixar a caixa e se recusam voltar para ela. Eles então tornam-se puladores de bolhas.

Gostaria de compartilhar um exemplo de quando precisei pensar diferente para ver uma mudança desejada em minha vida. Ao longo dos anos eu perdi dezenas de quilos, mas sempre ganhava o peso de novo. Por quê? Quando estava pensando dentro da caixa, eu comia de certa maneira e então dizia a mim mesmo: *Vou fazer uma dieta*. (Quem me conhece diz que eu gosto de doces. Eu digo que estão completamente errados; eu amo doces!)

Quando saía da caixa, eu dizia para mim mesmo: *Eu não vou comer! Eu não vou comer!* Mas enquanto ficava constantemente pensando em não comer, sobre o que estava pensando o tempo todo? Comida.

Quando pensamos sobre o que não vamos fazer, acabamos rastejando de volta para a caixa e fazendo exatamente o que dissemos que não iríamos fazer porque é exatamente no que pensamos.

Quando aprendi esse conceito, mudei o modo de pensar. Em vez de pensar: *o que eu não vou fazer,* eu comecei a pensar: *o que eu vou fazer?* Comecei a pensar em quem ia me tornar. Comecei a pensar em ser mais saudável. Comecei a pensar como seria minha aparência e como me sentiria tão melhor. De repente eu tinha não apenas saído da caixa, mas estava além dela. Eu não estava mais pensando em não comer a torta ou o sorvete. Agora eu pensava em comer comida saudável.

Desde que descobri esse princípio no fim de 2007, perdi aproximadamente 22kg. Hoje eu ainda mantenho esse peso me exercitando e tendo cuidado de quanto alimento meu amor por doces.

Todos temos uma abordagem padrão sobre liderança. Ao buscar adaptar seu estilo de liderança às necessidades de cada desafio - utilizando simultaneamente a abordagem relacional e transacional - você vai começar a pular em algumas novas bolhas em seu pensamento. Esse pular de bolhas vai causar resultados positivos para você mesmo e àqueles a quem você influencia.

2

PENSAMENTOS DETERMINAM COMPORTAMENTOS

TIRE UM MOMENTO para ler esta carta:

Para minha família,

Ao sentar para escrever esta carta, estou no desespero mais profundo de minha vida. Nos últimos dois anos dirigi várias vezes até a ponte sobre o rio e considerei pular. Segurei uma arma carregada muitas vezes. Hoje, sentado nessa cadeira com medo de sair sozinho, sabendo que fiz coisas imperdoáveis, sei que é hora de ir. Sinto muito pelas coisas que fiz que destruíram nosso futuro.

Saibam que eu verifiquei, e os dois anos de carência para suicídio em meu seguro de vida já passaram, então estou coberto. Querida, você e as crianças estarão financeiramente providas e você vai estar livre para encontrar o homem que você merece e um pai muito melhor para nossas crianças. Sairei de casa para fazer isso para não causar muito trauma.

Espero que você e as crianças um dia sejam capazes de me perdoar. Por favor ore por minha alma, pois ela pode estar perdida para sempre.

Pergunta: No que você está pensando agora? O que se passava em sua mente ao ler a carta? Aqui estão alguns pensamentos que talvez você tenha tido:

- Coitada da esposa...
- Coitadas das crianças...
- Coitado desse homem...
- Que homem egoísta...
- Já senti isso antes.
- Isso aconteceu em minha família...
- Por que Ford compartilharia uma carta dessas num livro sobre liderança?
- Essa carta é do Ford?

Seu pensamento fez com que alguns sentimentos viessem à tona. Talvez você tenha sentido compaixão, tristeza, empatia, vazio, raiva ou outros sentimentos. Estes sentimentos foram um resultado do que você estava pensando.

Por que eu quis que você lesse isso como parte de um livro sobre liderança? Por duas razões.

Primeiro, eu compartilhei essa carta porque o índice de suicídio ao redor do mundo está crescendo numa taxa alarmante. E os que estão lutando com pensamentos suicidas se sentem sozinhos e envergonhados. E quando algo tem o estigma que o suicídio tem, nós evitamos tocar no assunto. Além de pensamentos suicidas, outros problemas – como automutilação, abuso sexual, distúrbios alimentares, entre outros – são sistêmicos por natureza e fazem com que milhões de pessoas se sintam isoladas e envergonhadas. Tais epidemias continuarão a crescer a menos que nós, líderes transformacionais, nos levantemos e digamos: "Já chega." Aqueles de nós que experimentaram o estigma de alguns desses problemas devemos ter coragem de falar. As pessoas precisam saber que não estão sozinhas e que podem falar sobre isso. As boas novas é que algumas pessoas estão começando a falar sobre esses assuntos dolorosos em vez de guardarem para si a sua dor.

A segunda razão porque compartilhei a carta acima é para ajudar você a ter um melhor entendimento de como nossos cérebros funcionam. Eu queria que você fizesse uma lista do que estava pensando enquanto lia a carta e reconhecesse os sentimentos que foram gerados.

No momento em que um de nossos sentidos é ativado – quer seja vendo, provando, cheirando, ouvindo ou tocando – um pensamento ocorre. A partir desse pensamento, um sentimento é gerado. E a partir desse sentimento, uma ação, reação ou comportamento é escolhido.

Mas se você mudar o pensamento, pode mudar o sentimento que resulta dele. E se você mudar o sentimento, responderá com uma reação ou comportamento diferente. Se mudamos o comportamento, podemos ter resultados diferentes; podemos então, criar uma cultura, relacionamento ou organização diferentes.

Mas se continuarmos *pensando* da maneira que sempre pensamos, vamos continuar sentindo da maneira que sempre sentimos. Se continuamos *sentindo* da mesma maneira que sempre sentimos, vamos continuar nos comportando da mesma maneira que sempre nos comportamos. E se continuamos nos *comportando* da mesma maneira que sempre nos comportamos, vamos continuar tendo os mesmos resultados que sempre tivemos.

Pessoalmente, eu não quero os resultados que tinha. Eu não quero que o resultado no meu casamento não seja bom devido à minha infidelidade, raiva ou agressividade passiva para com minha esposa. Em vez disso, eu quero o resultado que tenho agora. Mas eu tive que mudar meus pensamentos, o que mudou meus sentimentos... o que levou a novos comportamentos... que então levaram a resultados novos e melhores.

A carta era minha? Sim. No entanto, eu a escrevi depois de ter decidido não cometer suicídio, porque nunca queria me esquecer de como me senti. Queria poder olhar para trás e lembrar, a fim de nunca mais me deixar afundar naquele lugar de novo.

Antes de poder liderar uma equipe *relactionals* devemos nos tornar um líder *relactional* que pode promover uma transformação organizacional. Isso começa com a maneira como pensamos. E lembre-se de que uma organização é onde quer que duas ou mais pessoas estejam em relacionamento. E se você tem influência sobre pelo menos uma pessoa, isso faz de você um líder.

O Hipocampo

Toda informação que absorvemos durante nossas vidas é recebida através de nosso tronco encefálico e mais duas partes de nossos cérebros. A informação é então guardada por nossos cérebros na entrada de algo chamado de *hipocampo*. *Hipocampo* é a palavra grega para "cavalo marinho" por causa de seu formato de cavalo marinho.

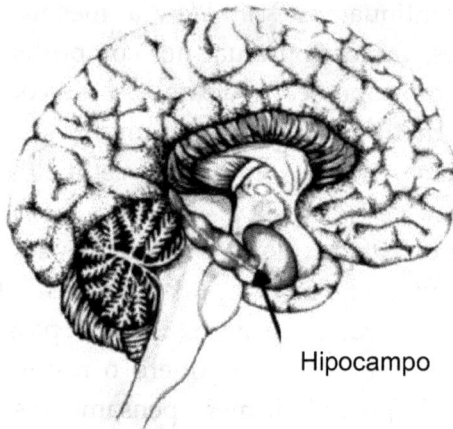

Hipocampo

Se a informação chega na entrada do hipocampo com paixão ou emoção mais propósito ou significado, o pequeno "cavalo marinho" se abre e recebe a informação.

Como este processo acontece com a mesma informação durante toda nossa vida, essa informação entra em nossa memória cognitiva. Quando entra em nossa memória cognitiva, ela nunca sai.

Quando algo é armazenado no hipocampo, somos pré-programados para esperar determinados resultados a partir de certas ações. Portanto, muitas reações de pessoas ao nosso redor – até nossas próprias reações – às vezes não fazem sentido racionalmente. Isto porque reagimos baseados no resultado esperado em vez de no que realmente acabou de acontecer ou de ser dito. Nosso cérebro automaticamente infere que teremos o mesmo resultado que tivemos no passado quando os mesmos tipos de coisas aconteceram ou foram ditas.

Assim como você tem coisas em seu hipocampo, reconheça que aqueles com quem você trabalha também têm coisas em seu hipocampo.

Vamos imaginar que você disse algo para alguém em sua organização que respondeu de uma maneira extremamente brusca que lhe deixou pensando: *de onde veio isso?* Há uma grande chance de que você ter dito uma certa palavra, parecer com alguém, estar usando uma determinada roupa ou de a situação parecer com um cenário que aconteceu na vida dessa pessoa quando ela era bem mais jovem. O cérebro da pessoa não soube processar o que estava acontecendo, então ela reagiu baseada no medo de se machucar da mesma maneira que havia sido machucada no passado.

Não são as coisas que fizemos em nossa vida nem as coisas que foram feitas conosco que nos impedem de sermos grandes líderes. São as mentiras associadas com estas coisas que nos impedem de alcançar nosso potencial. O que aconteceria se pudéssemos remover essas mentiras de nosso hipocampo e substituí-las pela verdade?

Quando senti que deveria começar a dar o treinamento *Liderança Transformacional*, meu primeiro pensamento foi: *Quem vai querer me ouvir? Veja como fui sexualmente molestado aos 6 anos.*

Ninguém jamais me ouviria. Estes pensamentos estavam vindo do meu hipocampo. Se tivesse ouvido meu hipocampo, este livro que você está lendo não existiria. Eu não teria começado a ensinar a outros como ter alguns sucessos e como superar fracassos. É mentira que ninguém ouviria. Não é o que tinha acontecido na realidade nem é o que viria a acontecer.

Oswald Chambers disse: "Sempre há um fato a mais no caso de todo homem sobre o qual nada sabemos."[1] Eu digo assim: "Sempre há um fato a mais no hipocampo de todo homem sobre o qual nada sabemos." Se alguém está reagindo de uma forma que poderia lhe fazer agir de maneira inapropriada, lembre-se de que sempre há um fato a mais na pré-programação do hipocampo daquela pessoa sobre o qual você nada sabe. Se você alcançar esse pensamento, suas reações a outros vão mudar e você vai ter uma influência maior e mais positiva do que jamais sonhou.

Autoidentidade

Quer seja como líder ou como seguidor, a *autoidentidade* de alguém consiste do que ele ou ela acredita ser verdade sobre si mesmo. Ela é feita de três categorias principais: experiências pessoais, comparações sociais e internalização de julgamentos de outros. Vamos explorar estas categorias.

1: Experiências Pessoais

Primeiramente, nossa autoidentidade é formada através de nossas *experiências pessoais.* Isso quer dizer que nossa autopercepção é, em parte, determinada pelos eventos de nossa vida.

É bem possível que tenhamos algumas mentiras passando pelo filtro de nosso hipocampo que podem ter vazado para nossa autoidentidade. Talvez essas mentiras tenham se originado de uma professora do ensino fundamental, um treinador na escola, pai ou mãe, um irmão, uma tia, um tio ou um chefe. Em algum momento alguém nos disse algo que acreditamos ser verdade, apesar de ser uma mentira.

Digamos que você me conhece e me vê num supermercado um dia. Duas das minhas filhas estão comigo, ambas com menos de 6 anos de idade. Elas estão uma de cada lado de mim. Você se aproxima de mim e diz: "Oi, Ford!" Você olha para uma de minhas filhas e diz: "Uau! Você é muito linda!" Então, você olha para a outra e diz: "Você é um doce!"

O que poderia acontecer é, que se minhas filhas pensarem nessa cena várias vezes, uma vai acreditar que é bonita, mas não é doce. A outra vai acreditar que é doce, mas não é bonita.

Estes tipos de experiências acontecem todos os dias de nossas vidas. Como líderes, estamos fazendo isso com outras pessoas e isso também está acontecendo conosco.

2: Comparações Sociais

Segundo, nossa autoidentidade é formada por *comparações sociais*. São pensamentos que acreditamos sobre nós mesmos ao nos compararmos a outros.

Vamos permanecer naquele supermercado. Você já passou pela fila do caixa de joelhos? Você já viu o que seus filhos pequenos veem? Eles olham para a direita e veem doces e chicletes. Eles olham para a esquerda e veem todo tipo de revista. Eles veem revistas com pessoas que gastam muito dinheiro (muitas delas) para terem a aparência que têm. Então, desde muito cedo eles estão pensando: *Isso é o que devo comer e essa deve ser minha aparência.* E eles começam a se comparar ao que estão vendo naquelas revistas. Isso é o que quero dizer *por comparação social.*

3: Internalização do Julgamento de Outros

Terceiro, nossa autoidentidade é formada por meio da internalização dos julgamentos de outros. Em outras palavras, decidimos no que acreditamos sobre nós mesmos baseados no que "pensamos" que outros "pensam" sobre nós.

Você já fez uma apresentação numa reunião ou deu uma palestra e, depois de ter terminado, pensou: *Como me saí? Fui bem? Falei o que queria falar?* Suas respostas a essas perguntas estão formando sua autoidentidade.

Há alguma coisa que você acredita ser verdade sobre você mesmo, positiva ou negativa, que talvez não seja verdade? Escreva quaisquer áreas de sua autoidentidade que você acredita serem verdade sobre si mesmo que, se você pensar bem, vai descobrir que não são verdade.

Mais adiante neste livro você vai aprender como *amigos de empurrão* podem lhe ajudar a identificar o que você acredita sobre você mesmo e ajudar a ter certeza de que você está acreditando na verdade.

Ao buscar a verdade sobre si mesmo, reconheça que todos aqueles sobre quem você tem influência estão filtrando informação através da lente de seu hipocampo bem como de sua autoidentidade.

Mudando Seus Pensamentos

Como podemos mudar algo que realmente queremos mudar em nosso processo de pensamento?

Liste alguns pensamentos positivos que você tem sobre si mesmo e pense sobre isso por um momento. Concentre-se em um desses pensamentos. Que sentimento você tem quando pensa sobre isso?

Agora pergunte-se: "Quando me sinto assim, como ajo? Como me comporto? Como afeto as pessoas ao meu redor?"

Repita este processo com um dos pensamentos negativos em sua lista. Como esse pensamento negativo faz você se sentir? Então pergunte-se: "Quando me sinto assim, como ajo? Como me comporto? Como afeto as pessoas ao meu redor?"

Como você pode reduzir estes pensamentos negativos? Como você pode transformar pensamentos negativos em positivos? Quanto mais você pensa positivamente diariamente, seus sentimentos serão mais positivos. Seus sentimentos positivos resultarão em mais ações positivas. Suas ações positivas criarão um impacto e resultados mais positivos sobre aquilo que você deseja influenciar.

3

DIFERENÇAS ENTRE CÉREBROS MASCULINOS E FEMININOS

VOCÊ JÁ NOTOU que às vezes é difícil comunicar-se com pessoas do sexo oposto? Vamos falar sobre a diferença entre cérebros masculinos e femininos. Antes de começar, devo abrir essa discussão dizendo que vou falar em generalizações, e estas generalizações não se aplicam a todos os homens e mulheres. O objetivo deste capítulo é apontar os desafios que encontramos ao nos comunicar com pessoas diferentes de nós mesmos.

Se eu tivesse que desenhar uma imagem que ilustre como o cérebro de uma mulher funciona, eu rabiscaria toda a página. De um modo geral, no cérebro de uma mulher, tudo está conectado a tudo. O cachorro está conectado aos filhos, os filhos estão conectados à Associação de Pais e Mestres (APM), a APM está conectada ao marido, o marido está conectado à sogra, a sogra está conectada às férias, as férias estão conectadas ao que vamos comer na sexta à noite e sexta à noite está conectada a como essa refeição vai afetar os netos, embora ela não tenha filhos ainda. Porque, para uma mulher, tudo está conectado a tudo de um modo geral. Imagine ligar seu computador e ter todos os programas abertos ao mesmo tempo. É assim que o cérebro de uma mulher funciona, tipicamente.

E o cérebro masculino? Para desenhar uma ilustração de um cérebro masculino, eu desenharia um monte de caixas separadas. Nada é conectado a nada. Temos uma caixa do trabalho. Temos uma caixa da família. Dentro desta caixa tem uma caixa da esposa e uma caixa para cada filho. Temos uma caixa para o cachorro, uma caixa da TV, uma caixa de esportes e muitas outras caixas.

Um homem precisa sair de uma caixa para entrar em outra. Mas para uma mulher tudo está conectado, então ela pode ir de uma conversa para outra e voltar para a primeira conversa. Quando um homem e uma mulher estão comunicando, a mulher pode ir a todo lugar e o homem ainda está preso em uma de suas caixas.

Homens têm duas caixas que são maiores que qualquer outra caixa. Uma delas está completamente vazia. Não há absolutamente nada nela. É por isso que quando nossas amigas, filhas, colegas mulheres ou esposas nos perguntam: "No que você está pensando?", nós temos a mesma resposta: "Em nada." Elas não acreditam. Elas não acreditam que você realmente pode não pensar em nada porque, para elas, tudo está conectado a tudo.

Nós temos outra caixa que é maior do que todas as outras, que é nossa caixa do sexo. Então, nossa caixa do nada e nossa caixa do sexo são maiores do que qualquer outra caixa.

Nós precisamos sair da nossa caixa do trabalho para entrar em nossa caixa da família. E se entramos na caixa da TV, devemos sair da TV que estamos assistindo para entrar de volta na caixa da conversa com nosso filho. Mas essas duas caixas, a caixa vazia e a caixa do sexo podem ser acessadas de qualquer outra caixa.

Há uma pesquisa que ainda não foi publicada que eu acredito ser verdade. Eu acredito que há uma outra caixa sobre a qual ninguém falou ainda e ela está exatamente entre a caixa vazia e a caixa do sexo. Eu a chamo de caixa *sem noção*. Este é nosso estado quando fizemos algo, mas não temos noção do que acabamos de fazer. As mulheres em nossa vida demonstram mudanças em linguagem corporal e seus rostos ficam tristes. Mas não temos a menor ideia do que fizemos. Ficamos sem noção. Se você é um homem casado ou trabalha com mulheres, a melhor coisa a fazer quando isso acontecer é tentar descobrir o que você fez.

Esposas, mesmo não acreditando que ele não sabe o que fez, é verdade, e a melhor coisa que você pode fazer é iluminá-lo. Quando eu fazia isso com minha esposa no passado eu dizia a ela: "Querida, eu sei que fiz alguma coisa. Eu não sei o que é e se você não me disser o que fiz, eu posso quase lhe garantir que vou fazer isso de novo."

Homens, se pudermos sair da caixa sem noção, podemos ter relacionamentos muito melhores com as mulheres em nossa vida.

Então lembre-se de que (de modo geral), para mulheres, tudo está conectado a tudo. Para homens, nada está conectado a nada. Se pudermos abraçar essa dinâmica, melhoraremos nossa habilidade de comunicar com aqueles que pensam diferente de nós – não apenas nosso cônjuge e filhos, mas também nossos colegas de trabalho. (Encorajo você a pesquisar mais sobre isso no site LaughYourWay.com* onde você vai dar uma boa gargalhada e vai aprender muito mais sobre cérebros masculinos e femininos.)

Enquanto minha esposa e filhas estão pulando em todo lugar em suas conversas durante o jantar – por exemplo, João fez isso e Susan fez aquilo então Marco fez aquilo outro e Sally fez isso e Joana fez aquilo – eu pergunto:

– Quem é João?

Minhas filhas olham pra mim e dizem:

– Do que você está falando, papai?

– Ué, você acabou de dizer que o João fez isso.

– Ah, papai, isso foi há quatro conversas atrás.

Minha caixa estava lá atrás e elas estavam em todo lugar. Eu encontrei grande alegria em poder conviver e rir dessas diferenças em vez de me irritar com elas.

A mesma coisa pode acontecer no trabalho. Se pudermos rir do que acontece, não vamos nos irritar. Nossa epinefrina (explicada no capítulo intitulado Controle a Raiva) não vai subir.

---

* N. do T. O site mencionado está em inglês.

Mas se nos irritarmos, nossos relacionamentos repentinamente se tornarão mais difíceis.

Lembre-se, estamos tentando nos tornar mais *relactional*. Estamos tentando entender o lado oposto da linha relacional-transacional. Estamos tentando entender pessoas que podem pensar de forma diferente de nós. E, de modo geral, homens e mulheres pensam muito diferente.

Aprecie as diferenças.

Uma das linguagens do amor de minha esposa é atos de serviço, então eu tento limpar a cozinha com frequência[2]. Numa determinada noite, eu estava na minha caixa de lavar louça, fazendo a limpeza como eu normalmente faço. Esvaziei a máquina de lavar louças, esfreguei os pratos que estavam na pia, coloquei os pratos na máquina, abri a porta do armário, tirei o sabão, coloquei na máquina, fechei a porta, apertei o botão, guardei o sabão e fechei a porta do armário. Enquanto completava esse processo, minha filha do meio e minha esposa estavam atrás de mim do outro lado da ilha da cozinha rindo baixo. Lentamente a risada foi ficando mais e mais alta. O riso delas era contagiante, então eu comecei a rir também, enquanto passava pelos passos da minha caixa de limpeza da cozinha.

Eu me virei e descobri que elas estavam rindo *de* mim.

– Ok, do que vocês estão rindo?

Minha filha disse:

– Papai, você vai usar aquilo algum dia?

Eu me virei e bem na minha frente, no balcão da cozinha estava o sabão da máquina. A garrafa estava de cabeça para baixo para eu usar a última porção dela. Olhei para ela e perguntei:

– Há quanto tempo isso está aqui?

– Três noites – ela respondeu.

Por três noites eu quase derrubei essa garrafa enquanto lavava a louça, mas a ignorei totalmente porque estava em minha caixa de lavar louça, que é sempre feita da mesma maneira toda vez. Então, enquanto ríamos juntos, eu disse a elas:

– Não mudem o sabão da minha caixa de limpeza da cozinha porque eu não vou ver.

Anos atrás, eu teria ficado ofendido e machucado que elas riram de mim. Mas agora, equipado com um entendimento destas coisas que tenho compartilhado com você, podemos rir dessas situações, o que melhora nossos relacionamentos. Afinal de contas, não queremos todos relacionamentos melhores?

4

ADQUIRINDO AS FERRAMENTAS DE LIDERANÇA *RELACTIONAL*

NO RESTANTE DESTE LIVRO, você vai aprender maneiras práticas de liderar *relactionalmente*. Sim, você vai ter que deixar algumas maneiras antigas de pensar do lado de fora da porta. Você aprenderá como desaprender alguns hábitos ruins. Quando fizer isso, você vai se preparar para abraçar as ferramentas, ingredientes e processos da liderança *relactional* que ajudarão você e sua organização a alcançarem seu potencial.

Mas o que é realmente necessário para aprender novos hábitos de liderança?

Pesquisas mostram que, se alguém se levanta e fala para nós num estilo de palestra, só podemos lembrar aproximadamente cinco por cento do conteúdo daquela palestra 24 horas mais tarde. Se adicionarmos leitura a isso, o número sobe para 10 por cento. Se adicionarmos conteúdo audiovisual, o número sobe para 20 por cento. Se fizermos uma demonstração, ele sobe para 30 por cento. Se tivermos discussão em grupos onde falamos com outras pessoas sobre o que estamos aprendendo, ele sobe para 50 por cento. Se sairmos e praticarmos o que aprendemos, o número pula para 75 por cento. Se ensinarmos esse conteúdo para outra pessoa, o número sobe para 90 por cento![3] É impressionante quanto vamos nos lembrar se realmente praticarmos e ensinarmos para outros enquanto aprendemos!

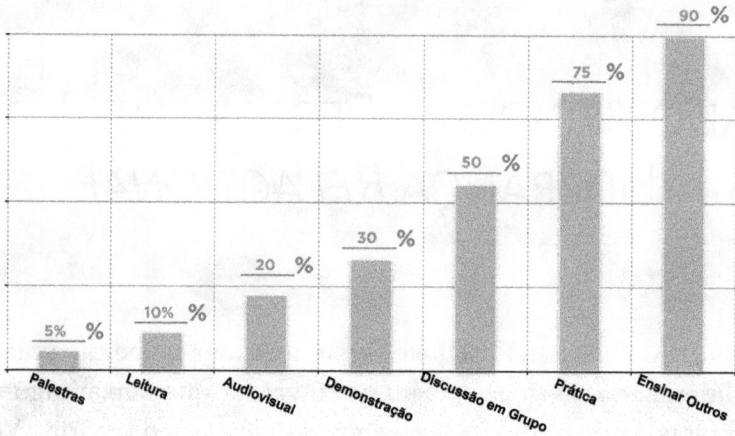

Palestras 5% | Leitura 10% | Audiovisual 20% | Demonstração 30% | Discussão em Grupo 50% | Prática 75% | Ensinar Outros 90%

*Adaptado do National Training Laboratories, Bethel, Maine

Pense assim: *Diga-me e eu esquecerei. Ensine-me e eu lembrarei. Envolva-me e eu entenderei. Se entendo, posso me apossar disso. Se me aposso, posso vivê-lo. Se posso vivê-lo, posso ensinar, treinar e equipar outros.*

Esta é a razão porque encorajo você a praticar estas ferramentas enquanto as aprende. Ensine outros o que você está aprendendo porque, agora, você está envolvido. E porque você está envolvido, sua equipe vai começar a se envolver. E uma vez envolvidos, eles aprenderão e começarão a viver isso.

Parte 2

RESOLUÇÃO DE CONFLITO
RELA CTIONAL

5

PACTO COLETIVO

QUANDO O CONFLITO ENTRA em qualquer organização – e por organização queremos dizer, toda vez que duas ou mais pessoas estão em relacionamento – isso não somente dificulta relacionalmente, mas também pode fazer com que a organização tenha um baixo desempenho. Uma ferramenta chamada de *pacto coletivo* pode ajudar a resolver qualquer tipo de conflito que você possa encontrar em sua organização.

Primeiro, sente-se com um membro da equipe, toda a equipe ou sua família e pergunte: "Quando estivermos juntos, como queremos tratar uns aos outros?" Escreva uma lista de palavras que descrevem como vocês querem tratar uns aos outros. Você pode escrever palavras ou frases como respeito, honestidade, positividade, encorajar uns aos outros etc. Comece a fazer uma lista aqui:

_____

_____

_____

_____

_____

Depois de concordar com o membro ou membros de sua equipe sobre como vão tratar uns aos outros, faça esta pergunta: "Como queremos lidar se um de nós quebrar nosso acordo?" Ou: "Que processos usaremos para resolver a quebra de nosso acordo?" Esta seção do pacto coletivo deve definir claramente as ações a serem seguidas se o pacto for quebrado. Mais uma vez, tire um minuto para escrever que processo você acha ser o melhor para implementar.

_____

_____

_____

_____

_____

Lembre-se de que o processo para lidar com conflito não é um processo se não incluir alguma forma de responsabilização. Se você quer permitir comportamentos e relacionamentos ruins em sua organização, não responsabilize pessoas por seu comportamentos ruins. Mas se você quiser melhor desempenho e ter relacionamentos mais saudáveis, tem que haver responsabilização. Ela deve estar escrita no acordo de como vocês vão tratar uns aos outros e como lidarão quando esse acordo for quebrado.

Quando o Pacto Coletivo For Quebrado

Este é o processo que eu recomendo que você coloque em seu acordo no caso de alguém quebrá-lo.

1. Vá um a um. Se a reunião um a um resolver o conflito, o relacionamento foi restaurado. Se a reunião não resultar em uma resolução, avance para o passo dois.

2. Leve uma ou duas outras pessoas com você (que ambos concordem) e reúnam-se de novo.

3. Apresente o conflito a um grupo de pessoas que você confia e peça que eles decidam quem está certo no conflito.

4. Quem for apontado como o errado – quer seja o acusador ou o acusado, deve então pedir desculpas ou concordar em deixar o grupo.

Talvez este processo possa parecer entediante. Todavia, eu descobri que se todos concordam em como tratar uns aos outros, com o processo de resolução e como se reunir um a um, uma segunda ou terceira reuniões raramente são necessárias.

Quando se trata de conflito, descobri que as pessoas geralmente se encaixam em uma (ou mais) de cinco categorias:

1. **Mal-humorados** são aqueles que ficam emburrados com os acontecimentos, mas não dizem o que está errado. É claro por seu mau humor que algo está errado, mas eles se recusam a dizer o que é.
2. **Escandalosos** são aqueles que ficam com raiva e gritam com a outra parte do conflito. Eles ficam irracionais, o que pode fazer com que a outra parte também fique irracional.
3. **Faz-de-conta** são aqueles que agem como se tudo estivesse bem. Eles abafam seus sentimentos e convivem com o que está acontecendo ao seu redor. Outros podem não saber que se sentem assim.
4. **Sempre certos** são pessoas com grande necessidade de estarem certas e abordam o conflito com o objetivo de ganhar e fazer com que a outra parte perca. Tais pessoas estão sempre tentando provar que estão certos e que todo mundo está errado.

5. **Pacificadores/Solucionadores** são aqueles que permanecem lógicos e querem abordar o conflito de maneira que restaure o relacionamento. Eles enlouquecem os outros quatro grupos porque não se importam em discutir conflitos. Eles não ficam emburrados e não se irritam com o conflito, não o deixam passar em branco e não dão permissão para os outros ficarem "na lama" do conflito. Eles abriram mão da necessidade de estar certos porque o relacionamento é muito mais importante para eles do que estar certo.

Os passos para lidar com conflitos fornecem um processo para que pessoas em qualquer uma destas categorias, possam mover-se na direção de se tornarem pacificadoras. Quando combinado com o "como" abordar alguém, o processo dará às partes uma chance muito maior de resolver o conflito e restaurar o relacionamento.

Como Abordar Alguém Que Quebrou o Pacto Coletivo

Quando você abordar alguém que quebrou o pacto coletivo, é crítico que você aborde essa pessoa de quatro maneiras.

Primeiro, vá em *humildade*. Esteja aberto à possibilidade de estar errado. Em outras palavras, vá com a mentalidade: *"Eu posso estar errado."* Diga para a pessoa: "Eu posso estar errado, mas posso lhe fazer uma pergunta? Posso compartilhar algo com você?" Considere dizer: "Talvez ninguém mais se sinta assim ou tenha compartilhado isso com você."

Segundo, vá predisposto ao *perdão (pré-perdão)*. Em outras palavras, o objetivo de resolver conflito é reconstruir o relacionamento. Você não quer confrontar pessoas porque está com raiva ou machucado. Você quer abordar a pessoa com uma atitude de perdão. Isso não significa que você deve dizer à pessoa que ele ou ela está perdoado quando a abordar; isso anularia a frase "Eu posso estar errado."

Terceiro, vá em *amor*. Importe-se mais com a outra pessoa do que com o sentimento dela por você. Isso é amor. O objetivo é permanecer no relacionamento com aquela pessoa. Se a pessoa está ferindo seus relacionamentos, é importante amar a pessoa o suficiente para lhe dizer isso.

Quarto, vá em *verdade*. Não diga 80% da verdade porque os outros 20% são muito difíceis de falar. Isso não ajuda ninguém. Dê 100% da verdade. Às vezes os fatos e a verdade podem ser diferentes. Por exemplo, digamos que você viu alguém entrar no escritório de outra pessoa e pegar dinheiro da escrivaninha daquela pessoa. O fato é que a pessoa pegou o dinheiro. A verdade poderia ser que a outra pessoa havia deixado o dinheiro lá para aquela pessoa pegar. Busque os fatos *e* a verdade.

Quando você aborda alguém com humildade, pré-perdão, amor e verdade, 95% das vezes o conflito se resolverá em um encontro.

A eficácia do pacto coletivo depende completamente da medida em que todos se esforçam para o fim desejado. Todos os membros devem estar dispostos a assumir responsabilidade por si mesmos. Os membros de sua equipe devem estar dispostos a prestar contas dos outros também. Entenda que, se você escrever um pacto coletivo e não o implementar, você fará um dano muito maior do que se nunca o tivesse escrito.

Agora, vamos para o próximo capítulo onde vou compartilhar com você uma outra ferramenta de resolução de conflito da liderança *relactional*.

6

PEDIDO DE DESCULPAS EM SEIS PASSOS

NUMA DETERMINADA NOITE, nós tínhamos vários líderes em nossa casa para jantar. Havia pessoas na sala de estar, na sala de jantar e na sala da TV. Tinha muito barulho. As pessoas estavam conversando e nós estávamos juntando todo mundo para começar a servir o jantar, que estava servido estilo buffet.

As pessoas se aproximavam da comida conversando, enquanto nos preparávamos. Então, uma das minhas filhas adolescentes foi para a frente da fila e pegou um prato. Quando ela fez isso eu olhei para ela e disse: "Querida, você sabe que nossos convidados vão primeiro."

Assim que eu disse isso, foi uma daquelas vezes quando toda conversa tinha parado, então a sala estava em absoluto silêncio, e todos os convidados ouviram o que eu dissera à minha filha, que correu da sala e subiu para seu quarto.

Eu chamei a atenção de meus convidados e disse:

– Sabe... o que acabei de fazer, eu tenho que ir consertar. Comecem a jantar. Talvez eu volte, talvez não, mas eu tenho que ir cuidar da minha filha.

Eu subi e ela estava deitada na cama. Deitei do lado dela um pouco. Ela se virou e olhou para mim. Eu disse:

– Sabe, querida, eu envergonhei você na frente de todos os meus amigos. Eu disse algo alto suficiente para todos na sala ouvirem. Eu estava tão errado em fazer isso. E eu sinto muito. Você pode me perdoar?

Ela imediatamente disse sim, que me perdoaria. Olhei para ela e disse:

– Você pode cobrar de mim para que eu nunca mais faça isso com você ou com seus filhos, quando você os tiver. Porque isso é algo que eu nunca devo fazer como pai ou mais tarde como avô. Tem mais alguma coisa que eu possa ter feito com você que possa vir a afetar sua vida no futuro? Porque eu não quero que você carregue nada que eu fiz para seu casamento ou seu futuro. Eu sempre quero que você saiba que pode falar comigo sobre qualquer coisa.

Ela olhou para mim e disse:

– Papai, não consigo pensar em nada agora.

– Bem, se você pensar em qualquer coisa, saiba que você sempre pode vir falar comigo. Ok, eu vou descer e vou pedir desculpas para todo mundo, todos os convidados que estão aqui. Eu posso fazer isso com você na frente deles ou posso fazer sem você.

– Papai, você não precisa fazer isso – ela disse.

– Eu sei disso. Mas não quero que eles voltem para casa pensando que o que fiz esta noite foi de alguma maneira apropriado. Porque não quero que façam isso com os filhos deles. Então você quer descer agora? Ou quer que eu faça isso e você desce mais tarde?

– Acho que vou descer mais tarde.

Então eu desci e pedi a todos para pararem de comer por um momento. Eu disse a eles:

– Quase todos vocês me ouviram falar para minha filha há pouco tempo atrás: "Nossos convidados vão primeiro." E eu quero que vocês saibam que eu dizer isso alto o suficiente para que vocês ouvissem foi errado. E eu acabei de dizer isso a ela lá em cima, e digo a vocês: Desculpem-me por ter feito isso na frente de vocês. Porque é errado fazer isso com seus filhos. Eu a envergonhei. E eu quero que vocês saibam que se eu fizer isso com você ou qualquer outra pessoa, você tem minha permissão para me chamar a atenção e me dizer o que fiz. Há algo mais que eu fiz para alguém nessa sala pela qual eu preciso pedir desculpas?

Ao ver a reação de todos, sentei com lágrimas nos olhos porque não queria que eles fossem para casa pensando que o que fiz era certo. Eu não queria que minha filha fosse dormir ferida porque o pai dela cometeu esse tipo de erro.

Qual é a coisa certa a se fazer quando o pacto coletivo acordado for quebrado ou quando você tiver cometido um erro do qual está ciente? Resposta: peça desculpas.

Então qual é uma maneira apropriada de pedir desculpas? Há uma maneira apropriada de se desculpar que pode levar a uma mudança em comportamento e salvar ou desenvolver relacionamentos?

Quando pedir desculpas, eu recomendo usar o pedido de desculpas em seis passos. Minha equipe e eu frequentemente ouvimos que essa ferramenta salvou relacionamentos que pareciam não ter salvação. Ouvimos que ela restaurou unidade em casamentos, times esportivos, empresas e muitos outros tipos de organizações. Vamos analisar o processo.

Passo 1: Declare a ofensa.

Fale para a outra pessoa o que ela acredita que você fez para ela. Diga: "Você está certo. Eu _____. Eu fiz isso." Se você tem que qualificar suas desculpas dizendo: "*Se* eu _____," isso não é uma desculpa verdadeira.

Passo 2: Admita que você estava errado.

Use estas três simples palavras: "Eu estava errado."

Passo 3: Peça Desculpas.

É muito simples. Diga: "Desculpa." Ou "Desculpe-me."

Lembre-se de não dizer "Eu *quero* pedir desculpas" ou "Eu *quero* me desculpar." Isso não é desculpa. É uma declaração que você "quer," mas não vai pedir desculpas.

Passo 4: Peça perdão.

Pergunte: "Você me perdoa?"

Somente você sabe se já usou perdão como maneira de manipular e controlar outros. Se você tem feito isso e perdeu credibilidade como resultado, pergunte à pessoa: "Quando puder, você me perdoa?" Se não, peça perdão na hora.

Não importa qual é a resposta da pessoa. Ela não tem que dizer "sim" ou "não" mas é importante que você peça perdão. Uma vez que você pediu, você fez a sua parte. No que diz respeito a este relacionamento, o próximo passo agora está nas mãos da outra pessoa.

Passo 5: Peça por futura prestação de contas.

Diga à pessoa a quem você feriu: "Eu lhe dou permissão para me chamar a atenção para que eu não me comporte assim de novo."

Lembre-se de que você não está dando à outra pessoa a responsabilidade de lhe chamar a atenção. Estamos *dando permissão* para que a outra pessoa nos chame a atenção para nossa responsabilidade. São duas coisas diferentes.

Quando dizemos várias vezes: "Estou errado. Desculpe-me. Você me perdoa?" e damos permissão para que as pessoas nos chamem atenção para nossa responsabilidade, nosso comportamento vai começar a mudar.

Passo 6: Pergunte se há algo mais.

Pergunte à pessoa: "Há mais alguma coisa que eu fiz em nosso relacionamento pela qual preciso pedir desculpas?" Quando fizer essa pergunta, você vai surpreender a pessoa.

Homens, se você decidir fazer isso com sua esposa, saiba que ela se lembra de mais coisas que você fez para ela do que você pode imaginar. Talvez você nem lembre o que fez para ela semana passada. Então, se você der o passo 6 do pedido de desculpas em seis passos, esteja preparado para não reagir negativamente. Simplesmente tome nota do que ela lhe disser.

Lembre-se, se você abordar alguém, vá em amor, humildade, pré-perdão e verdade total.

Escreva um nome ou alguns nomes de pessoas a quem você deve desculpas. Pegue o telefone. Marque um encontro. Escreva pelo que você precisa pedir desculpas. Então, use o pedido de desculpas em seis passos e veja o que acontece em seu relacionamento com essas pessoas.

Aqui está um outro exemplo do pedido de desculpas em seis passos em ação.

A quem devemos pedir desculpas?

Uma das coisas mais difíceis que tive que compartilhar com minhas filhas foi algo que fiz com minha esposa muitos anos atrás.

Minha filha me ligou da faculdade querendo vir para o treinamento Liderança Transformacional em Orlando com dois amigos.

– Eu quero muito que você vá – eu disse -, mas se você for, que tal chegar uns dois dias antes para passar tempo com seu velho?

Ela disse que adoraria fazer isso.

Na primeira manhã que ela estava lá fomos numa caminhada. E nessa caminhada eu disse

– Querida, eu tenho algo para lhe falar e vou lhe pedir para ouvir com atenção e me escutar antes de reagir.

Eu então compartilhei com ela sobre minha infidelidade... meu adultério... minha traição a Sandra. Eu falei como estava errado e deixei bem claro que nada disso tinha sido culpa da mãe dela.

Depois de compartilhar com ela como eu tinha quase destruído nossa família, eu olhei para ela e perguntei:

– Tem alguma chance de você me perdoar por quase destruir nossa família e pelo que fiz com a sua mãe? Porque isso definitivamente afetou você também.

Ela olhou com um sorriso no rosto e lágrimas nos olhos e disse:

– Claro, papai. Eu te perdoo.

Quando ela disse isso, eu olhei para ela e disse:

– Se você alguma vez me ver olhando por muito tempo para outra mulher que não é sua mãe, poderia me dizer que notou? Você pode me chamar à minha responsabilidade? Há alguma outra coisa que eu fiz em sua vida que afetaria negativamente algo que aconteceria a você? Eu não quero que você leve nada para seu casamento como resultado de algo que fiz.

Eu então expliquei a ela:

– Se seu futuro marido – quem quer que ele venha a ser – for tentado a fazer algo assim, eu quero que ambos saibam que vocês têm alguém com quem conversar antes que isso vá muito longe.

Como pais, cônjuges, amigos, treinadores e chefes, nós cometemos erros, mas sabemos o que fazer para reconstruir os relacionamentos depois de cometermos erros. Como compartilhei mais cedo, ouvimos vez após vez que esse pedido de desculpas em seis passos restaura relacionamentos. Ele os restaura rapidamente. Então se há alguém a quem você precisa pedir desculpas, vá fazê-lo.

7

Como Disciplinar

Uma das coisas que fizemos em nossa empresa de roupas esportivas foi empregar ex-prisioneiros que haviam voltado à sociedade e precisavam de empregos. Nós os empregávamos e mentoreávamos para reintegrá-los à sociedade depois de sua prisão.

Um dos nossos melhores funcionários ex-prisioneiro tornou-se nosso gerente de produção. Ele era muito inteligente, mas tomou o caminho errado cedo em sua vida. Quando veio trabalhar conosco, tornou-se capaz de ensinar, treinar e equipar outros ex-prisioneiros para ajudá-los a prosseguir em suas vidas.

Um outro ex-prisioneiro tinha sido usuário de drogas e era um ladrão antes de vir trabalhar conosco. Ele superou seu passado e trabalhou para se tornar supervisor assistente de produção manual. Ele supervisionava nossos trabalhadores que imprimiam manualmente em vez de com o equipamento automático que usávamos com a maior parte de nossos pedidos. Quando o gerente de produção estava viajando, o assistente ficava responsável.

Depois de nosso gerente de produção voltar de uma semana de férias, ele veio para mim e disse:

– Tenho um problema.

– Que problema? – perguntei.

– Você me deu algo que era altamente confidencial. Estava na gaveta da minha escrivaninha e agora todos os funcionários sabem sobre isso. E a única pessoa que teve acesso à minha escrivaninha foi o assistente.

– Você falou com ele? – perguntei.

– Sim, falei com ele. Ele disse que não foi ele. Eu quero ir com você falar com ele de novo.

Então eu fui com ele, o que não era bom para o assistente, uma vez que eu era o chefe do chefe dele. Nós fomos na produção e perguntei a ele:

– Podemos conversar?

– Sim – ele disse.

– O gerente me disse que você pegou esse papel da gaveta dele e mostrou pra toda a fábrica.

– Não fui eu – ele disse.

– Quem mais poderia ter tido acesso àquela escrivaninha naquele escritório? Vocês dois são os únicos que têm a chave.

– Eu não sei – ele disse –, talvez o gerente deixou escapar, mas não fui eu.

– Você sabe que não tem outro jeito disso ter vazado porque isso aconteceu quando ele estava de férias – eu disse. – Você é a única pessoa que poderia ter feito isso. Então, você tem certeza de que não fez isso?

– Eu não fiz isso – ele disse.

– Eu realmente acredito que você está mentindo para mim agora e você sabe que temos uma política em nosso manual de normas que você assinou quando veio trabalhar aqui, que se você roubar, mentir ou assediar sexualmente, nós não temos uma opção. Você não terá uma segunda chance. Se você não for honesto, você não me dá outra opção. Mas se você for honesto, podemos trabalhar com você. Você pode ir diante dos outros funcionários, pedir desculpas pelo que fez e isso tudo vai passar. Vai acabar como se nunca tivesse acontecido.

– Ford, eu nunca faria isso com você depois de toda oportunidade que você me deu – ele disse. Eu não mentiria para você.

Entristecido por sua recusa de admitir o que tinha feito, eu disse:

– Deixe-me esclarecer uma coisa. Eu amo ter você aqui. Amo ver quão longe você foi. Mas você vê a porta daquele escritório ali?

– Sim.

– Quando eu entrar por aquela porta a oportunidade vai passar. Se eu descobrir que foi você e pudermos provar, você sabe que não vai ter um emprego aqui. Então, se quiser confessar, você tem até eu passar por aquela porta.

– Eu entendo.

Então eu comecei a longa caminhada de volta para meu escritório, porque era uma fábrica grande. Assim que eu passei pela porta e a fechei eu o ouvi gritando:

– Ford! Ford! Ford!

Alguns minutos depois ele veio correndo para meu escritório e disse:

– Desculpa. Eu menti. Desculpa. Desculpa. Eu não devia ter feito isso. Eu vou pedir desculpas a todos os funcionários.

– Eu sinto muito também – eu disse. – Não, você não vai. Eu disse a você que quando eu entrasse por essa porta, essa opção teria passado. Então você não me deixa outra opção.

– Mas foram só três passos! – ele disse.

– Eu sei – eu disse. – Mas você sabe como me sinto. Você teve todo aquele tempo para confessar, mas não confessou. Então vá pegar suas coisas, limpe seu escritório e vá para casa.

Ele me implorou para não o despedir. Eu não o despedi. A escolha foi dele. Ele escolheu demissão quando se recusou a confessar antes de eu voltar para meu escritório.

Quando ele saiu do meu escritório, sentei e chorei. Quando alguém assim passa por uma transformação dessa magnitude em sua vida, a última coisa que você quer fazer é vê-lo ferido. Então ele saiu e eu estava com o coração partido porque nós amávamos tê-lo em nossa equipe. Ele era um bom funcionário.

Cerca de três meses depois, recebi uma ligação dele. Ele me convidou para almoçar com ele.

– Eu adoraria almoçar com você.

No almoço ele sentou com lágrimas nos olhos e me agradeceu. Ele disse:

– Você sabia que eu tinha acabado de começar a usar drogas de novo e estava pensando em roubar de novo quando aquilo aconteceu na fábrica? Se você não tivesse me mandado embora, eu não tenho dúvida de que minha vida estaria de volta onde eu estava antes, mas aquilo me acordou. Eu só queria ter um almoço pra dizer 'obrigado' por ter permanecido firme.

Eu acredito que as pessoas querem esse tipo de liderança. Eu acredito que elas querem prestação de contas. Eu acredito que elas querem saber as normas, políticas e expectativas – não de maneira restritiva, mas elas querem saber quem são. Quando você implementa normas claras, um pacto coletivo e procedimentos disciplinares claros, você elimina a confusão.

Nesse capítulo, você aprenderá o modelo de disciplina que funciona com funcionários e com filhos. Todavia, eu aconselharia não usar isso com seu cônjuge. Mas isso funciona com pessoas com quem você tem influência (autoridade).

O Processo Disciplinar

Disciplina pode ser definido como "treinamento para desencadear determinado padrão ou comportamento." Não é punição. É treinamento.

Como podemos saber quem precisa de disciplina, quando e como?

As duas ferramentas principais de disciplina são *histórias* e *perguntas*. Se você tem uma história (uma experiência do seu passado) que poderia ajudar a pessoa que você está disciplinando, compartilhe sua história. Isso diminuirá a ansiedade na conversa. Quando você usa perguntas para disciplinar, isso tira a pressão de você e coloca na outra pessoa a pressão de fazer a decisão correta.

O Processo Disciplinar

1: Reunião Extraoficial

Antes das duas reuniões oficiais que serão documentadas, eu recomendaria que você tenha uma reunião um a um, apenas verbal. Nada deve ser escrito. Esta é uma reunião extraoficial. Muitas vezes isso é suficiente para resolver problemas relacionais ou de desempenho. Eu consideraria esta conversa parte de ensinar, treinar e equipar. Na reunião extraoficial, use as mesmas perguntas usadas nas reuniões oficiais discutidas abaixo. Eu descobri que quando esse processo é bem feito, uma reunião disciplinar oficial raramente é necessária.

2: A Primeira Reunião Oficial

Se a reunião extraoficial não resolver o problema, vá para a primeira reunião oficial.

Lembrando, disciplina é feita com histórias e perguntas. Através das perguntas que fazemos, ajudamos as pessoas a entenderem que cometeram um erro. É importante que elas entendam que não estão tendo um bom desempenho ou que seus relacionamentos ou atitude não estão bem.

Antes de iniciar a reunião, escreva algumas perguntas que tratem do problema. A chave é fazer com que a pessoa que está sendo disciplinada saiba quais são as expectativas e que expectativas não estão sendo alcançadas. Ajude a pessoa a entender que seu comportamento não é apropriado e que precisa mudar se deseja continuar em sua organização.

As perguntas a seguir não são necessariamente as perguntas exatas a serem feitas, mas elas dão uma ideia das perguntas que tratarão do problema específico que você está tentando resolver.

1) O que você está fazendo que não deveria? Ou, o que você não está fazendo que deveria? Ou, que comportamento você está tendo que não é aceitável para a organização?
2) O que você deveria estar fazendo? Ou, que comportamento é aceitável?
3) Você realmente está fazendo o que deveria? Ou, você está realmente se comportando da maneira que deveria?
4) Você entende as expectativas e nós lhe demos as ferramentas de que você precisa para ser bem-sucedido? (*Nota: Quando fizer essa pergunta, você pode descobrir que a pessoa verdadeiramente não entendia as expectativas*). Ou, você entende plenamente qual comportamento é aceitável e não aceitável?
5) Agora, vamos chegar a um acordo de quanto tempo você precisa para fazer isso. (*Faça um acordo de quanto tempo é necessário e marque um dia e hora para uma reunião de seguimento*).

Tenha certeza de que a pessoa que você está disciplinando entende o que você espera dela, quer seja relacionalmente ou com relação à sua atitude ou seu desempenho profissional, e que as expectativas não estão sendo alcançadas. Então, faça um acordo de quando as mudanças devem ser feitas. Certifique-se de que tudo está documentado, que ambos assinaram e que o documento ficará no arquivo do funcionário.

Durante a reunião, a pessoa provavelmente vai tentar desviar do assunto. **Não se deixe desviar.** Isso vai lhe custar uma quantidade significativa de tempo e não vai dar em nada. Continue fazendo a pergunta que escreveu até que a pessoa responda. Em algum momento a pessoa se cansa de ficar ouvindo a mesma pergunta e finalmente responde. Quando uma pergunta for respondida, vá para a próxima até que a pessoa tenha admitido não ter alcançado as expectativas de desempenho ou comportamento.

Quando a pessoa tiver admitido a verdade e confirmado que entende as expectativas, certifique-se de que a pessoa tem o que precisa para ser bem-sucedida em alcançar estas expectativas. Neste momento faça a quinta pergunta e marque a próxima reunião.

Façamos de conta que você tem uma pessoa que está cronicamente atrasada para o trabalho. A pessoa admite que tem chegado atrasada para trabalhar, mas agora entende que deve chegar no máximo às 8 da manhã. Você então concorda em avaliar se a pontualidade da pessoa melhorou em 30 dias. A reunião de avaliação será marcada no calendário para 30 dias do acordo. Tenha certeza de que a reunião acontecerá em 30 dias.

3: A Segunda Reunião Oficial

Se a pessoa for bem-sucedida em fazer o que você pediu, parabenize-a nesta reunião.

Se você descobrir que a pessoa não fez o que era esperado durante o tempo determinado, continue no processo da *segunda reunião oficial*.

Como você pode ver abaixo, as três primeiras perguntas são idênticas às que você fez na primeira reunião. Você escreveu as respostas e colocou no arquivo da pessoa. Leve-as com você e pergunte-as exatamente da mesma maneira. Mais uma vez, não deixe que a pessoa o desvie do assunto. Insista em sua pergunta até que a pessoa a responda. Também tenha certeza de esclarecer quanto tempo a pessoa tem para fazer as mudanças necessárias.

1. O que você está fazendo que não deveria? Ou, o que não está fazendo que deveria? Ou, que comportamento está tendo que não é aceitável na organização?

2. O que você deveria fazer? Ou, que comportamento é aceitável?
3. Você realmente está fazendo o que deveria? Ou, você realmente está se comportando da maneira que deveria?
4. Nós não fizemos um acordo...? (Veja a resposta da pergunta n° 5 da primeira reunião oficial)
5. Vamos fazer um acordo de quanto tempo será necessário para você fazer isso.
6. Qual será a consequência de você não fazer o que deve no tempo acordado?

A grande diferença da primeira reunião oficial é que agora há um sexto item; é hora de decidir qual será a consequência se a pessoa falhar.

Você já deve ter ouvido falar que a experiência é o melhor professor. Eu não concordo. *"É a consequência da experiência que é o melhor professor. Nenhuma consequência, nenhum aprendizado."*

Se estou disciplinando, a consequência que seguirá a segunda reunião oficial provavelmente será um acordo que este não é o lugar para essa pessoa trabalhar. Muito provavelmente não haverá uma terceira reunião oficial apenas comigo. A próxima reunião será com o departamento de RH para fazer a transição para essa pessoa sair da organização. (Eu já tentei três vezes a essa altura).

Lembre-se, nesse ponto da segunda reunião oficial, a decisão é da pessoa sendo disciplinada. Você não tem que "demiti-la." Se a pessoa alcança as expectativas no tempo combinado, ela ainda terá um emprego. Se não, a pessoa já concordou no processo disciplinar que a consequência é que ela não terá um emprego em sua organização. A opção é dela, o que tira a pressão de você.

É a mesma coisa com crianças. Embora você não documente a disciplina como faz com um funcionário, use a mesma técnica de história e pergunta. Se fizerem o que devem fazer, a disciplina não acontece. Se não fizerem, a disciplina acontece. Se elas sabem o que é esperado e qual será o resultado de não alcançar as expectativas, e se você implementa a consequência, você se surpreenderá quão bem as crianças se comportarão e desempenharão. Embora você não mande seu filho ou filha embora de sua casa, ele ou ela pode ser separado da família ou perder algum benefício até que seu comportamento mude. Eu acredito que mudança raramente acontece até que a dor de permanecer o mesmo exceda a dor da mudança.

Pais e supervisores me dizem repetidamente que esse modelo remove uma quantidade significativa de estresse do processo disciplinar. Por quê? Você nunca terá que demitir alguém de novo. Você sempre fará com que isso seja a escolha da pessoa. Seu papel como líder é ter certeza de que as opções sejam claras.

Funcionário Rouba da Empresa

Líderes numa empresa em que fui coproprietário me pediram para falar em sua celebração de 30 anos. Eu estava empolgado com a oportunidade porque ainda tinha muitos amigos trabalhando lá. Um dos funcionários tinha estado lá por quase todos os 30 anos.

Enquanto minha esposa se arrumava para ir ao evento comigo, ela perguntou:

– Querido, você está pronto?

– Estou. Mas estou confuso – eu disse.

– Por quê? – ela perguntou.

– Eu recebi uma ligação do dono, e a liderança quer saber se eu tenho algum problema se o João (não é seu nome real) for. Por que eles não iriam querer que ele fosse? Ele foi uma das primeiras pessoas que nos ajudaram a iniciar a empresa, e eles estão trazendo todo mundo para a celebração.

– Você lembra o que o João fez?

– O que ele fez?

– Ele roubou dinheiro de nós.

– Oh, eu tinha me esquecido disso. Eu disse a ele que com certeza eu queria que João e todos estivessem lá. Eu não penso nisso há anos.

Então liguei de volta e disse:

– Eu tinha esquecido sobre a situação. Se isso vai causar estresse para alguém, eu entendo. Mas quanto a mim, ele pode vir.

O dono da empresa disse:

– Nós queremos que ele esteja lá.

Então nós fomos para o evento e eu dei meu discurso.

Depois que o evento acabou e nós tínhamos reconectado com vários amigos antigos e quase todos tinham ido embora, eu olhei e vi João e sua esposa de pé do outro lado do salão, encostados na parede. Vendo que Sandra e eu estávamos nos preparando para sair, eles vieram até nós.

Ao se aproximarem, João e sua esposa tinham lágrimas nos olhos. Nós nos abraçamos e ele me disse:

– Sabe... tem uma coisa que eu nunca fiz. Eu nunca lhe pedi desculpas pelo dinheiro que roubei de você e nunca lhe agradeci por não ter me mandado para prisão.

De pé do lado dele, sua esposa disse:

– Eu também. A vida dele seria muito diferente agora.

Nós poderíamos tê-lo processado por seu crime. Naquele dia no meu escritório, há mais de 20 anos, eu disse a ele:

– Normalmente eu lhe processaria porque acredito que as pessoas devem ser responsabilizadas por suas ações. Mas não vou fazer isso. Você é tão talentoso e tão jovem. Acho que você só cometeu um erro. Mas deixe-me esclarecer uma coisa para você. Se eu ouvir que você fez algo parecido de novo, eu vou processá-lo, porque você sabe que podemos provar.

Eu não tive outra opção a não ser demiti-lo, porque ele tinha assinado um manual de conduta que dizia que não havia segunda chance para aquela determinada ação.

Lembrando daquela experiência, João disse:

– Obrigado por não me processar.

A esposa dele disse:

– Obrigada. Nós temos um casamento maravilhoso e temos sido bem-sucedidos desde aquele tempo.

Ambos choraram, e eu também, ao expressarem sua gratidão.

Como líder, você pode ter um cérebro inteligente e um coração grande e ainda ser bem-sucedido. Isso é liderança *relacional*. Lembre-se de que disciplina é treinamento para obter um certo padrão ou comportamento. Na punição o foco está em você; na disciplina o foco está na outra pessoa.

8

CONFRONTE ANSIEDADE SOCIAL

EMBORA HAVERÁ VEZES em que a disciplina será necessária em liderança *relactional*, reconheça que a grande maioria das pessoas realmente quer fazer um bom trabalho. Todavia, ansiedade social torna difícil manter um alto nível de desempenho.

Ansiedade social acontece quando há duas coisas em jogo conosco ou com as pessoas ao nosso redor: 1) há medo de falhar combinado à 2) motivação de ser bem-sucedido. Quando o medo de falhar soma-se à motivação de ser bem-sucedido, isso nos deixa ansiosos. Esta ansiedade pode nos fazer ter um desempenho baixo ou um super-desempenho. Se eliminarmos aquilo que pode causar ansiedade nos membros de nossa equipe, eles terão um desempenho muito melhor.

Quando estamos entre nossos iguais, o medo de falhar e/ou motivação de ser bem-sucedido aumentam.

Por exemplo, se você tem filhos, verá seus filhos virem para casa muitos dias sentindo ansiedade social. No primeiro dia de aula, você os verá indo para escola com ansiedade social, especialmente se estiverem entrando numa nova série e numa nova escola. Eles têm um medo de falhar combinado à motivação de serem bem-sucedidos.

Isto também acontece com vendedores, o que pode afetar negativamente a maneira como se relacionam com clientes. Isto pode ser uma grande causa de um novo funcionário ter dificuldade de aprender seu novo trabalho. Eles podem estar gastando grande parte de sua capacidade mental que gostaríamos que usassem para aprender seu novo trabalho em algo tão simples como tentar lembrar o nome de todo mundo.

Quando esse estresse ataca, ele vem em duas formas diferentes. Primeiro, tem o *distresse*, sobre o qual a maioria de nós sabemos. É o tipo de estresse que nos faz ter desempenho baixo. Ele pode nos bloquear e nos fazer desempenhar muito abaixo do normal.

A segunda forma de estresse é chamada de *eustresse*. Eustresse é o estresse bom. "Eu" é grego para *bom*. Esse bom tipo de estresse pode elevar nossos níveis de desempenho. Mas eustresse demais pode nos fazer ter um super-desempenho, que é tão ruim quanto baixo desempenho. Por exemplo, se os jogadores num time de basquete tiverem eustresse demais, muitos de seus arremessos serão longos demais. Se tiverem distresse, muitos de seus arremessos serão curtos.

A mesma coisa pode acontecer em uma empresa. Durante a última semana do mês em muitos setores de produção, muitas empresas despacham 80% de seus pedidos do mês. Isso não é saudável para os funcionários. Então, na primeira semana do mês muito pouco é feito. Eu chamo isso de "síndrome do fim do mês."

Ambas formas de estresse, distresse e eustresse, podem ser igualmente difíceis para o corpo, se ficarmos nele por muito tempo. Apesar de um nível apropriado de eustresse ser bom, a chave é não ficar nele por muito tempo.

Se você tem uma equipe – quer sejam seus filhos, seus colaboradores ou jogadores num time esportivo—o eustresse de uma pessoa pode ser o distresse de outra.

Tente perguntar a um grupo de pessoas: "Quantos de vocês gostam de correr?" Normalmente, uma pequena porcentagem de pessoas levantará a mão. Para aquele grupo de pessoas, correr é eustresse. Estas pessoas experimentam algo chamado de "euforia da corrida." Para o resto do grupo, correr cria distresse.

O mesmo acontece quando tomamos decisões em qualquer organização da qual fazemos parte. Uma decisão eleva o nível de distresse de algumas pessoas enquanto, ao mesmo tempo, eleva o nível de eustresse de outras. Mais na frente neste livro, eu vou lhe mostrar mais sobre por que isto acontece e como você pode equilibrar estas duas formas de estresse em sua organização.

Esteja ciente de quando a ansiedade social está em jogo e que há uma maneira de tirá-la de jogo.

Se você consistentemente usa as ferramentas, ingredientes e comportamentos neste livro, isto diminuirá a ansiedade e colocará o estresse em cheque.

9

ELIMINE A FOFOCA

VOCÊ PROVAVELMENTE JÁ NOTOU que quando alguém é machucado ou quando o conflito surge, pessoas frequentemente falam com outras sobre isso. Infelizmente, as pessoas para quem falam normalmente não são aquelas que cometeram a ofensa. Esta é uma prática nociva e destrutiva chamada de *fofoca*. Fofoca é quando alguém fala algo negativo sobre outro alguém para uma pessoa que não é nem parte do problema nem parte da solução.

Foi dito que:

Grandes pessoas falam sobre ideias.
Pessoas medíocres falam sobre coisas.
Pessoas pequenas falam sobre outras pessoas.

Eu acrescento a isso:

Pessoas menores permitem. Pessoas ainda menores participam. E pessoas ainda menores falam a outros.

Em qual das categorias acima você está a maior parte do tempo? Você cai em alguma das categorias "pessoas pequenas?" Em que categoria você está hoje e em que categoria você quer estar de hoje em diante? A decisão é sua.

Frequentemente me perguntam como eu respondo a ligações e e-mails tão rapidamente quando recebo tantos deles. Eu digo a essas pessoas que uma das melhores técnicas de administração de tempo que um líder pode ter é não se envolver em fofoca. Isso nos poupa horas a cada semana, nos permitindo usar nosso tempo de maneira mais construtiva.

É extremamente fácil de se envolver em fofoca. Uma das coisas que faço quando pessoas tentam me envolver nesse tipo de conversa é perguntar:

– Eu sou parte do problema ou parte da solução? Ou você está apenas fofocando sobre outra pessoa?

Quase toda vez a pessoa diz:

– Estou apenas buscando seu conselho.

Ao que respondo:

– Eu tenho o número dessa pessoa no meu telefone. Por que não ligamos para ela agora e compartilhamos o que você acabou de compartilhar comigo?

Mesmo que eu não tenha o número da pessoa em meu telefone, aconselho ir falar com a pessoa e não com outros.

Você ficaria surpreso de quão pouca fofoca eu ouço e com que frequência eu posso ser parte da solução quando alguém vem até mim. Eles ainda vêm para se aconselhar, mas sabem que vou lhes dizer para ir conversar com a pessoa depois daquele conselho. Isso é ser parte da solução.

Tente essa abordagem. Você provavelmente vai começar a notar quantas horas a cada semana você iria gastar nestas conversas negativas sobre outras pessoas. Nós deveríamos nos importar com outras pessoas o suficiente para falar com elas diretamente sobre como nos ofenderam. E se formos em humildade, pré-perdão, amor e verdade, normalmente tudo ficará bem.

10

CONTROLE A RAIVA

NUM DETERMINADO DIA, HÁ MUITOS ANOS ATRÁS, eu fiquei extremamente irritado enquanto dirigia. Sandra e eu estávamos namorando na época, e estávamos saindo do estacionamento de um supermercado no Texas no meu Ford Mustang novinho. Eu tinha comprado o carro como presente de formatura para mim mesmo. Eu estava me sentindo "o cara" (ou egocêntrico).

Quando estava saindo do estacionamento, outro carro me cortou para sair primeiro. Com muita raiva e sabendo que eu tinha o carro mais rápido, eu dei a volta nele e fui para frente. Enquanto eu dava a volta nele, acenei com as duas mãos, mas com apenas um dedo em cada mão enquanto dirigia com meu joelho.

Imagine quanta raiva eu provoquei nos ocupantes daquele veículo.

Saí do estacionamento antes deles e virei à direita na rua. Parei no sinal vermelho esperando para entrar no campus da Universidade Texas A&M. Quando olhei no retrovisor, vi os dois homens saindo daquele carro, ambos com uma faca na mão, vindo em direção a meu carro. Bem, sendo um texano isso não era um problema para mim; você não leva uma faca para uma briga de revólver. Quando me estiquei para pegar minha arma, Sandra pegou meu braço e disse: "Não." Quando ela disse isso, olhei para frente, avancei o sinal vermelho e fui embora como um covarde.

Se minha esposa não estivesse calma naquela situação, há uma boa chance de que eu estaria ensinando liderança transformacional no sistema penitenciário do Texas hoje. Quão ridículo seria atirar em alguém por causa de quem saiu do estacionamento primeiro? Mas isso é o que raiva faz conosco.

O que irrita você?

Quando pessoas se irritam, como você normalmente reage a elas? Quando alguém se dirige a nós com raiva, a maioria de nós reage com mais raiva. O ciclo continua. Logo há uma briga a todo vapor.

Há três causas para a raiva: medo, frustração e dor (física ou emocional). Quando ficamos com raiva, *epinefrina*, ou adrenalina, (e *noradrenalina*) é liberada em nosso corpo, nos fazendo ir para o modo "fuga ou luta." Quando vamos para o modo fuga ou luta, a parte racional de nosso cérebro é inibida, nos forçando a depender da parte emocional. Depois de expressar raiva, você já pensou ou disse: "Não acredito que disse [ou fiz] aquilo! O que eu estava pensando?" Bem, agora você sabe a verdade; você *não estava...* "pensando."

Quando medo, frustração ou dor entram em cena, o que aconteceria se pudéssemos começar a mudar o pensamento que ocorre naquele momento? Por exemplo, como seria se imediatamente pensássemos: *Sempre há um fato no caso de todo homem sobre o qual nada sei.* Ou, talvez se pensássemos: *Essa pessoa deve ter problemas de hipocampo que estão fazendo com que fique com raiva. Talvez não tenha nada a ver com o que acabei de dizer.* Ou: *Uau, graças a Deus que essa pessoa se importa comigo a ponto de trazer esse ponto à tona para que eu saiba disso.*

Se pudéssemos pensar assim quando pessoas ficam com raiva de nós, poderíamos evitar que a epinefrina seja liberada. Todavia, se a epinefrina for liberada, a melhor coisa que podemos fazer é *ficar calados*. Não responda. Não brigue de volta. Não fuja. Deixe a epinefrina seguir seu curso. Quando ela tiver completado seu curso, podemos lidar com a raiva que ambos estamos sentindo com calma.

Um dia eu estava parado em um sinal vermelho em Cicinnati, Ohio, quando de repente ouvi uma buzina muito alta de um veículo que estava se aproximando pela lateral. Quando olhei, vi que a buzina estava vindo de uma grande van que estava se desviando para evitar de me bater. Como eu tinha feito numa história anterior que compartilhei, o motorista da van me deu o aceno de um dedo ao passar por mim.

Quando olhei, percebi que eu tinha avançado um pouco para a outra faixa porque estava enviando uma mensagem de texto no sinal vermelho. Eu pensei: *Uau! Aquele homem acabou de salvar nossas vidas!*

Agora, se meu primeiro pensamento tivesse sido: *Aquela pessoa não tem o direito de me mostrar o dedo e buzinar*, minha epinefrina teria entrado em ação. Porque meu primeiro pensamento foi que aquele homem tinha salvado minha vida, eu pude processar a situação de maneira mais construtiva.

Então eu alcancei a van em um sinal vermelho mais à frente. Quando me aproximei, fiz o sinal pedindo para ele abaixar o vidro. Inicialmente ele não queria, mas finalmente abaixou o vidro. Eu olhei para ele e disse:

– Olha, ali atrás eu estava mandando uma mensagem de texto e não vi que tinha avançado para a outra faixa. Eu estava errado e sinto muito. Você pode me perdoar por isso? E obrigado por ter estado alerta porque você provavelmente salvou a minha vida quando desviou do meu carro.

Quando eu disse isso, os olhos dele encheram de lágrimas. Naquele momento, ele provavelmente se arrependeu de ter acenado com um dedo, mas eu não tinha nenhum problema com isso porque fui eu que o fiz ter que desviar para não me bater.

Quando tomarmos essa abordagem, nossos relacionamentos melhorarão drasticamente. Se nossos relacionamentos melhorarem, podemos mudar a cultura de qualquer organização. E lembre que uma *organização* são "duas ou mais pessoas num relacionamento."

Assuma responsabilidade por sua raiva.

Imagine que alguém permita que seu filho de dois anos cresça pensando que ele tem o poder de "fazê-lo" ficar com raiva ao lhe dizer regularmente *"Você* me irrita tanto." Quando adolescente, esse filho continuamente faria as coisas que irritam como um meio de controlar a vida de seus pais.

O que acontece se eu olhar para um colega, amigo ou cônjuge e disser: *"Você* me fez ter raiva?" Isso não soa absurdo? É como dizer: *"Você* tem total controle da minha vida." Isso não faz sentido lógico. Todavia, essa linha de pensamento pode parecer certa para nós quando a epinefrina entra em ação, mantendo a parte racional de nosso cérebro fora de jogo.

Tenha novos pensamentos.

O que irrita você? Que situações fazem com que sua epinefrina seja liberada? Quando seus filhos não fazem o que você pede? Quando seus funcionários não têm bom desempenho? Quando seu computador não funciona bem?

Que pensamentos específicos veem à sua mente que liberam a epinefrina nesses tipos de situações?

Agora, quais serão os novos pensamentos que ajudarão você a evitar que a epinefrina seja liberada em resposta a estas situações? Não espere que as situações aconteçam para decidir qual será seu novo pensamento.

Pare agora e pense em algo que irrita você. Então, escreva os pensamentos que você tem naquela situação que desencadeiam medo, frustração ou dor, que provocam a liberação da epinefrina.

Então, escreva um novo pensamento que pode ter quando isto acontecer de novo. Comece a praticar esse pensamento agora para que este seja o pensamento que acontecerá da próxima vez que esse evento ocorrer. Você surpreenderá a si mesmo e aos outros ao seu redor quando não ficar com raiva da próxima vez. Isso melhorará seus relacionamentos, fará de você a pessoa mais inteligente do lugar, lhe dará uma ferramenta poderosa para usar em outras situações que previamente provocariam sua ira, e fará com que a produtividade de sua empresa cresça.

Comece agora. Como desenvolver um músculo, você estará pronto quando a situação ocorrer. Se você esperar até que ela aconteça para gerar um novo pensamento, será tarde demais, porque a epinefrina já terá sido liberada, a parte racional do seu cérebro terá sido inibida e você não vai conseguir pensar com clareza.

Use o pedido de desculpas em seis passos quando não lidar bem com sua raiva.

No passado, minha raiva frequentemente vinha à tona quando treinava equipes esportivas.

Treinei adultos e crianças em muitos esportes diferentes e tive quase todos os níveis de raiva, em quase todo esporte. Nunca gritava com as crianças, mas "soltava os cachorros" nos juízes.

Uma noite, estávamos jantando com um grupo de casais com quem nos reuníamos regularmente para comunhão e prestação de contas. Eu disse a eles:

– Estou realmente lidando com minha raiva e já progredi bastante com minha família. Mas ainda tem um lugar onde ela aparece: nos jogos. Estou pedindo a todos vocês, inclusive minha esposa... Vocês podem cobrar de mim para eu mudar nisso também?

Cerca de seis dias depois, estávamos tendo um jogo de basquete da escola fundamental. Enquanto aquecíamos, um juiz conhecido entrou. Ele me apresentou sua esposa que também estava num uniforme de juiz. Ele me explicou que esse era o primeiro dia dela como juíza.

Eu pensei: *Você tá de brincadeira. Este é o primeiro jogo em que vou trabalhar com minha raiva, e tenho que lidar com uma juíza novata?* Durante o jogo, a epinefrina estava entrando em ação, mas eu a estava controlando bem. Ela era ruim. Ela não estava favorecendo um lado. Ela estava desfavorecendo todo mundo.

A cerca de três quartos do jogo, cheguei no meu limite com ela. Todo mundo estava gritando e aplaudindo as crianças. Eu olhei para o juiz e disse: "Por favor! Dá uma ajuda pra ela!" Quando disse isso, o ginásio ficou em silêncio. Quando olhei do outro lado do ginásio, minha esposa estava assistindo o jogo. Depois de pedir a ela e outros para cobrarem de mim poucos dias atrás, eu gritei com o juiz.

Cerca de uma hora depois de chegar em casa, minha esposa me abraçou e disse:

– Querido, talvez você seja o melhor treinador com as crianças que já vi. Mas você gritou com o juiz. E quando você gritou o ginásio todo ouviu. E você pediu pra gente chamar sua atenção sobre isso.

Estava na hora de fazer o pedido de desculpas em seis passos com minha esposa.

– Sim, querida, você está certa. Eu fiz isso. Eu estava errado. Sinto muito. Você pode me perdoar? E continuo a lhe dar permissão para cobrar isso de mim. Tem mais alguma coisa que fiz durante o jogo pela qual preciso pedir desculpas?

Aqui está a parte difícil. Eu tive que entrar no carro, dirigir até o ginásio e esperar até o meio tempo de um jogo para pedir desculpas aos dois juízes. Fui até eles e perguntei:

– Posso falar com vocês?

– Sim – eles disseram.

– Sabe… mais cedo eu gritei com você sobre a sua esposa. Eu gritei: 'Por favor! Dá uma ajuda pra ela!' Eu estava errado por fazer isso e sinto muito.

Quando disse isso, os dois começaram a chorar. Pensei: deve ter sido muito pior do que pensava. Quando retomaram a compostura eu disse:

– Desculpe por ter causado tanta dor. Vocês podem me perdoar?

Eles olharam para mim e disseram:

– Não é por isso que estamos chorando. Você foi o treinador mais gentil que tivemos o dia todo. Todo mundo está gritando com ela.

Que líder tem maior impacto? Aquele que grita com o juiz sem parar ou aquele que errou ao gritar, mas voltou e pediu desculpas? Que tipo de líder você quer ser? A escolha é sua porque você tem controle dos seus próprios pensamentos, sentimentos e ações.

11

ABRAÇANDO FEEDBACK PESSOAL

EU TINHA UM AMIGO querido que me chamava de seu "melhor amigo," mas ele era muito negativo. Eu estava tentando ajudá-lo, mas não estava indo muito longe.

Uma manhã estávamos tomando café e eu o olhei nos olhos e disse:

– Você acredita que eu o amo?

– Com certeza. Eu acredito nisso – ele disse.

– Então eu posso lhe dar um feedback? – perguntei.

– Pode sim.

– Tem alguma coisa que eu não posso dizer?

– De maneira nenhuma. Você pode dizer o que quiser.

– Irmão, a verdade é que você é como o Bisonho.* Você é deprimente. Você esvazia meu tanque. Você me suga quando estamos juntos. E a razão porque você me esvazia é porque você pede por conselhos, mas não os pratica. Seu casamento não está melhor, seu relacionamento com seus filhos não está melhor e eu não posso mais aguentar. Então eu não posso mais continuar me encontrando com você e te aconselhando se você não vai aceitar meu conselho e sempre vai esvaziar meu tanque.

Ele imediatamente começou a chorar como um bebê. Ele disse:

– Ninguém nunca me disse isso antes.

---

* N.do T. O burrinho deprimido, um dos personagens do Ursinho Pooh

– Eu tenho uma notícia para você. Se você perguntar a sua esposa e filhos, eles vão confirmar. E se eles confirmarem, a pergunta é... você está disposto a mudar?

– Se eu estiver, a gente pode continuar se encontrando? – ele perguntou.

– Com certeza – eu disse. – Mas se não, não vou mais lhe dar feedback e conselhos. Podemos ser grandes amigos, mas não me peça mais por conselho.

No nosso encontro seguinte, a primeira coisa que ele fez foi começar me perguntando sobre minha esposa, filhas e empresa. Ele queria saber como estávamos. Ele tinha feito mudanças significativas em sua atitude. Desde então, recebi agradecimentos de sua esposa, filhos e amigos.

Até através de feedback negativo – quando feito com humildade, amor, verdade e perdão – nós podemos fazer um impacto positivo na vida das pessoas. Todo feedback pessoal é relevante.

Todo feedback é relevante.

Pesquisas nos mostram que, uma vez que nossa autoidentidade se forma, fica extremamente difícil de mudá-la. Mais tarde, se recebemos feedback que é consistente com nossa autoidentidade, ele logo entra e é absorvido ao que já acreditamos ser verdade sobre nós mesmos. E se recebemos feedback no qual não acreditamos, nossa tendência é rejeitá-lo.

Embora nem todo feedback pessoal seja verdadeiro, eu acredito que todo feedback é relevante. É importante estar aberto a feedback que talvez *você* não acredite ser verdadeiro porque *talvez* ele pode ser. Isso se aplica a feedback positivo e negativo.

Além disso, feedback pessoal é relevante para seu relacionamento com a pessoa que está dando o feedback. O feedback dado pode determinar se você quer manter o relacionamento com aquela pessoa.

Feedback também é relevante ao seu próprio caráter. Se alguém que está dirigindo na rua gritasse algo ofensivo para você, sua reação a esse feedback diria algo sobre seu caráter. Ela também poderá deixar uma impressão profunda em seus filhos ou outros que possam observar sua reação.

Como líderes, nossa resposta a feedback pessoal poderia determinar o nível de influência que podemos ter sobre alguém.

Interpretando o Feedback de Maneira Construtiva

Às vezes, o feedback mais difícil de receber pode ser aquele compartilhado entre marido e mulher. Durante o período em que estávamos tendo dificuldades em nosso casamento, nós fomos a uma conferência de casais. Eu queria ajuda e não sabia mais aonde ir.

Nessa conferência, eles nos disseram para dizer a nosso cônjuge uma coisa que queríamos que eles mudassem em si mesmos. Minha amada esposa olhou para mim e disse: "Eu gostaria que você perdesse peso." Eu tinha engordado cerca de 27kg durante essa temporada de viagem frequente. Por causa da má condição da minha autoidentidade naquela época, tudo o que ouvi foi: "Você está gordo e feio e não quero ficar com você." Mas o que ela realmente quis dizer foi: "Eu amo você e quero que você seja saudável e não morra cedo."

Por que interpretei o que ela disse tão negativamente? Quando criança eu era um menino gordinho. Eu havia sido molestado sexualmente. Como lidei com o abuso? Eu comi. Mais tarde eu perdi peso, mas ganhei tudo de novo por causa das viagens frequentes e o estresse. Quando ela disse: "Quero você perca peso" eu ouvi algo muito diferente do que ela realmente disse.

Se nossa autoidentidade está danificada, podemos rejeitar feedback essencial, ficar com raiva e deixar que a epinefrina entre em ação porque ouvimos algo muito diferente do que o que a pessoa disse.

Mas aquele feedback era altamente relevante apesar de minha epinefrina ter aumentado e eu ter reagido de maneira negativa. Agora ela pode me dar feedback, pois sei que ela está fazendo isso porque se importa comigo. Talvez nunca vamos ouvir o que precisamos ouvir se não estivermos dispostos a dar e receber feedback pessoal.

P.S.A.

Na minha empresa e em muitas empresas com que trabalhei, temos um código que usamos quando vemos alguém se comportando de uma maneira que sabemos não querer se comportar. Nós simplesmente damos três batidinhas na mesa ou no ombro da pessoa. As batidas simplesmente comunicam para a pessoa:

> A maneira que você está se comportando agora não é consistente com quem você diz que quer ser. Então, agora, mude o *pensamento*, mude o *sentimento* e mude a *ação*.

Em resumo, as batidas significam "P.S.A.," que quer dizer "pensamento, sentimento, ação." Muitos de nós cultivamos um relacionamento tal que podemos simplesmente falar "P.S.A.," o que nos faz parar, mudar o pensamento, mudar o sentimento e mudar a ação – o que melhora e desenvolve relacionamentos.

Encoraje antes de corrigir

Quando damos um feedback negativo da maneira certa, ele terá sido precedido por muitas palavras de encorajamento. Então, quando for hora da correção, o receptor estará mais aberto a ela. Se fizermos isso muito bem, até a correção pode parecer mais com palavras de encorajamento porque a pessoa será encorajada a ser a melhor versão de si mesma. E eu acredito que é isso que estamos tentando fazer como líderes. Temos a oportunidade de liderar pessoas sobre quem temos influência para alcançar níveis de potencial que elas nunca acharam ser possíveis.

Parte 3

COMUNICAÇÃO **RELA**CTIONAL

12

COMO COMUNICAMOS

ALGUMAS PESQUISAS MOSTRAM que tudo o que comunicamos cai em três categorias principais. Aproximadamente 55% de nossa comunicação acontece através de nossa *linguagem corporal*, 38% através de nosso *tom de voz* e apenas 7% através das *palavras*. Em outras palavras, se estou falando algo, mas minha linguagem corporal e tom de voz são inconsistentes com o que estou dizendo, tenho pouca ou nenhuma credibilidade. Ou seja, as palavras perdem toda sua credibilidade se a linguagem corporal e tom de voz não se alinharem com elas.

Aqui está um exemplo: "Amo você!" Se alguém fala isso, a sensação vai realmente soar como uma pessoa dizendo "Eu amo você" se seu tom de voz e linguagem corporal parecerem indiferentes ou distantes?

Quando nossa linguagem corporal, tom de voz e palavras estão todos alinhados, mesmo se a mensagem for negativa, temos credibilidade. Quando é positiva, temos ainda mais credibilidade.

Quando eu tinha 30 e poucos anos, tínhamos uma empresa que havia crescido a um tamanho relativamente grande e um grupo de investidores de risco me abordaram e disseram: "Queremos ver a possibilidade de comprar sua empresa." Eles acabaram comprando uma grande parte dela. Eu então me juntei a um grupo de empresas que iriam comprar outras empresas como as nossas e juntá-las para formar uma empresa maior. Ao fazer isso, os investidores de risco tomaram a posição de presidente do conselho de diretores em nossas empresas, e cada um de nós permaneceu como presidente de suas empresas individuais. Nós nos reuníamos como conselho regularmente para discutir negócios.

Durante aquele tempo, eu era a pessoa mais nova do grupo e era pretensioso e arrogante – na verdade eu era muito pretensioso e arrogante. Nossa empresa continuava a ser lucrativa mês após mês enquanto outras tinham altos e baixos, o que é normal para a maioria das empresas. Então, quando alguém dizia algo que eu achava estúpido, eu expressava meu desagrado com suas ideias com minhas expressões faciais – inadvertidamente e muito grosseiramente.

Um dia eu recebi uma ligação de um dos homens daquela equipe. Ele disse:

– Podemos nos encontrar?

Concordei, e ele veio ao meu escritório e disse:

– Posso compartilhar algo com você?

– Sim – eu disse.

– Você sabia que durante nossas reuniões, quando dizemos algo que você não acha muito inteligente, você faz coisas como virar os olhos, respirar pesadamente e cruzar os braços? Sua linguagem corporal... acaba com a gente. Tivemos uma reunião sem você e sabemos que precisamos de um presidente executivo operacional... não apenas um diretor que vem para as reuniões, mas alguém que é da empresa. Todos falamos sobre isso. Você é a pessoa. O problema é que não podemos trabalhar para você, pois sua linguagem corporal e expressões faciais comunicam arrogância e nos sentimos estúpidos quando você faz isso; e não podemos lidar com isso.

Eu tinha 30 e poucos anos e comecei a chorar. Isso partiu meu coração. Eu não tinha ideia de que estava fazendo isso, o que provavelmente significava que eu fazia isso em todo lugar.

Algumas semanas depois, tivemos outra reunião do conselho. Eu não tinha percebido isso antes, mas em toda reunião o presidente do conselho se sentava na mesma cadeira. Cerca de uma hora depois do início da reunião, o presidente disse:

–Pessoal, podemos ter um intervalo?

Nós concordamos e ele disse:

– Ford, você pode vir comigo?

Entramos num escritório e fechamos a porta. Ele disse:

– Você está se sentindo bem hoje?

– Na verdade estou me sentindo melhor hoje do que em qualquer reunião de conselho anterior. Por que está perguntando?

– Eu tomo 95% das minhas decisões baseado em suas expressões faciais. E hoje, você não está me dizendo nada.

– Você nunca mais vai poder ouvir nada de mim baseado nisso – eu respondi.

Alguns meses depois, a equipe veio a mim e me pediu para ser o presidente executivo de toda a empresa. Durante um tempo, antes desse pedido, o lucro da empresa tinha estagnado. Eu estava culpando a todos eles porque suas empresas não estavam indo tão bem quanto a minha.

Quando consertei minha linguagem corporal, expressões faciais e tom, a equipe trabalhou junta e expandimos a empresa rapidamente. O que estava nos impedindo anteriormente? Será possível que algo tão sem importância quanto linguagem corporal (expressões faciais) poderia impedir uma empresa, igreja, escola, time esportivo ou família de alcançar todo seu potencial?

Esteja ciente de que suas palavras estejam alinhadas com sua linguagem corporal e tom de voz. Do contrário, você arrisca fazer um grande estrago a seus relacionamentos e à produtividade de sua empresa.

13

PRIMEIRA IMPRESSÃO

DEIXE-ME FALAR DE UMA MÁ PRIMEIRA IMPRESSÃO que fiz. Pouco depois de conhecer Sandra na Universidade Texas A&M, estávamos num baile e dançamos um pouco. Pelo resto daquela semana rimos e brincamos juntos, nos conhecendo melhor. Sou um pouco palhaço, provavelmente mais naquela época do que agora.

O aniversário dela era na semana seguinte e no dia do seu aniversário decidi passar em seu dormitório para lhe desejar um feliz aniversário. Depois que bati e ela abriu a porta eu disse:

– Ei, Sandra, eu sei que hoje é seu aniversário então passei para dizer 'feliz aniversário.' E para seu aniversário vou deixar você me dar um beijo na bochecha.

Entrando na brincadeira ela disse: "Ooh!" e me deu um beijo. Ela então abriu a porta toda e disse:

– Ei, enquanto está aqui, deixe-me apresentá-lo à minha mãe e irmã mais velha.

Dá para imaginar a primeira impressão que eu tinha causado na mãe e irmã mais velha de minha futura esposa? Com sua irmã mais velha não deve ter levado 20 encontros adicionais para desfazer a impressão; deve ter levado 20 anos (brincadeira).

O Valor de uma Boa Primeira Impressão

Pesquisas mostram que leva 30 segundos ou menos para causar uma boa primeira impressão. Alguns estudos mostram que talvez apenas um segundo seja necessário.

Pesquisas também mostram que são necessários aproximadamente 20 encontros adicionais para superar uma má primeira impressão. Agora, se causamos uma má primeira impressão, qual é a probabilidade de termos 20 encontros adicionais com aquela pessoa? Se for alguém com quem nos encontramos na igreja, ou com quem estudamos, jogamos num time esportivo ou trabalhamos, podemos ter essas oportunidades. Mas fora isso, não teremos uma oportunidade para 20 encontros adicionais. Mas se tivéssemos, não seríamos capazes de usar esses encontros adicionais eficazmente se nem sequer soubéssemos que causamos uma primeira má impressão.

Se soubéssemos que causamos uma má primeira impressão, que ferramenta poderíamos usar para superar isso? Poderíamos usar o pedido de desculpas em seis passos se tivermos feito algo errado. Poderíamos admitir o que fizemos, dizer que estávamos errados, pedir desculpas, pedir perdão e dar à pessoa permissão para nos cobrar para não ser interpretado da mesma maneira de novo. Então podemos perguntar: "Há mais alguma coisa que eu fiz pela qual preciso pedir desculpas?"

É possível causar uma má primeira impressão sem ter feito nada de errado?

Você já conheceu alguém e pensou: *Eu não vou com a cara dessa pessoa, mas não sei exatamente por quê.* Sem que você saiba, pode haver algo em seu hipocampo que o impede de gostar dessa pessoa. Pode ser por causa de algo tão simples quanto uma camisa, um tipo de sorriso ou uma palavra que a pessoa disse.

Em nossas organizações, uma boa primeira impressão é crítico. Se causarmos uma má primeira impressão num cliente ou em uma pessoa em outro tipo de relacionamento, a pessoa provavelmente não vai voltar uma segunda vez. Se você fosse a um restaurante e a comida e o serviço fossem ruins, você provavelmente não voltaria lá mais 20 vezes para dar ao restaurante a oportunidade de revisar sua percepção da comida e serviço deles.

Todos devemos ser cuidadosos sobre primeiras impressões e o que comunicamos às pessoas quando interagimos com elas pela primeira vez. Esteja ciente de como está sendo visto.

14

Palavras de Encorajamento

Encorajar alguém é dizer algo positivo sobre esta pessoa diretamente para ela. Ou, pode ser agradecer a alguém por algo que fez para você. Pense em alguém que fez algo para você. Talvez você pense que aquela pessoa sabe que você aprecia o favor, mas talvez nunca tenha dito isso a ela. Considere encorajar essa pessoa diretamente, e veja o que acontece. Vamos explorar como fazer isso.

Remova frases que não são sinceras.

Primeiro, remova frases como "eu gostaria de" ou "eu quero." Você já assistiu eventos como o Oscar ou Grammy na televisão em que as pessoas sobem no palco, recebem seu prêmio e dizem: "Eu *gostaria* de agradecer a meu pai e minha mãe. Eu *quero* agradecer a meu cônjuge. Eu *gostaria* de encorajar o diretor." Mas se você prestar bem atenção, eles nunca realmente agradeceram ou encorajaram essas pessoas.

Quando você remove estes tipos de frases, suas palavras de encorajamento serão muito mais genuínas e sinceras.

Faça contato visual.

Quando você estiver encorajando alguém, olhe no olho da pessoa para comunicar sinceridade.

Sim, em algumas culturas, contato visual direto é desrespeitoso. Então se você vive ou trabalha numa cultura assim, isto pode não ser apropriado. Em outras culturas, fazer contato visual é comum. Então, tome uma decisão baseado em seu contexto cultural.

Coloque o foco na outra pessoa (Não bajule).

Se você coloca o foco do encorajamento em você, não são palavras de encorajamento; é bajulação. Se você o faz para conseguir algo de alguém, isso é bajulação. Se você o faz para parecer bom, isso é bajulação. Palavras de encorajamento são completamente focadas na outra pessoa, enquanto bajulação é completamente focada em você.

Seja honesto.

Não diga algo a alguém que não seja verdade. A pessoa pode acabar cantando num programa de TV em algum lugar e virar motivo de chacota porque você disse a essa pessoa que ela cantava bem. Não diga a uma criança, por exemplo, que ela pode ser a estrela do time se ela é excepcionalmente devagar e não é muito atlética.

Tenha certeza de que a as palavras são verdadeiras e não uma mentira só para fazer alguém se sentir bem.

Encoraje a pessoa *diretamente*.

Fale *com* a pessoa; não apenas *sobre* a pessoa. Ela está no mesmo lugar que você.

Não tem nada de errado estar em algum lugar falando sobre quão maravilhoso alguém é, mas isso não são palavras de encorajamento. Palavras de encorajamento acontecem quando você olha a pessoa no olho e fala para a pessoa sobre ela.

Quando e Quem Encorajar

Obrigado pode ser uma palavra de encorajamento. "Você fez isso para mim e estou agradecido. Muito obrigado por isso." Pode ser algo sobre seu caráter, sobre quem a pessoa é. Pode ser algo tão óbvio que ninguém lhes fala nada. Pode ser óbvio para todos, menos para aquela pessoa.

Antes do fim do dia, pegue o telefone para encorajar alguém (o que significa que você não pode olhá-lo no olho), ou encontre-se com a pessoa para lhe encorajar face a face. Agradeça a pessoa por algo que ela fez por você ou compartilhe algo positivo sobre quem a pessoa é.

Ser uma pessoa que encoraja e construir uma cultura de encorajamento em sua organização literalmente elevará sua organização para um novo lugar e para um novo nível. Quando se tornam parte da cultura, palavras de encorajamento podem melhorar a produtividade, ao mesmo tempo que ajudam a melhorar a autoidentidade das pessoas e a remover mentiras que podem ter sido armazenadas em seu hipocampo.

Quando você fizer aquela ligação ou encontrar-se com aquela pessoa face a face, lembre-se de que o foco das palavras de encorajamento é a outra pessoa e o foco da bajulação é você.

15

MODELO DE ESCUTA S.I.A.D.O.R.

LÍDERES *RELACTIONALS* SÃO BONS OUVINTES. O que significa ser um bom ouvinte? Eu chamo de *modelo de escuta S.I.A.D.O.R.* Isso simplesmente quer dizer: desacelere e escute. Vamos analisar essa sigla.

S = *Silêncio*

Para ser um bom ouvinte, fique de frente para a pessoa com quem está falando, faça silêncio e ouça o que a pessoa tem a dizer. Silêncio é uma das ferramentas mais difíceis para um líder, especialmente para quem gosta de processar em voz alta como eu. Não se preocupe se o ambiente ficar desconfortável por causa do silêncio. Permita que aqueles que processam internamente tenham tempo para processar antes de partir para o próximo assunto. Você poderá se surpreender com algumas das ideias que processadores internos terão se tiverem tempo para processar enquanto você fica em silêncio.

I = *Incline-se* para a conversa.

Incline-se e escute. Mostre interesse.

Ao se inclinar em direção à pessoa nas conversas, esteja ciente do espaço pessoal dela. A maioria das pessoas se sente desconfortável com alguém perto demais enquanto falam. Se você for como eu e não tem um "espaço pessoal," tenha cuidado para não avançar no espaço de alguém. Você pode perceber lendo a linguagem corporal e expressão facial da pessoa. Se ela der um passo para trás, você saberá que avançou no seu espaço pessoal. Se sim, gentilmente e simplesmente saia dele.

A = Mantenha uma postura *aberta*.

Não se feche quando estiver ouvindo. Se sua linguagem corporal for fechada, as pessoas não terão certeza se você está ouvindo ou não. Lembre-se de que 55% de nossa comunicação ocorre através de nossa linguagem corporal – mesmo quando não estamos falando.

Além disso, quando estiver falando com alguém, faça perguntas *abertas*. Dê à pessoa uma oportunidade de falar mais. Não faça apenas perguntas cujas respostas são sim ou não. Abra para que a pessoa fale e você possa ouvir.

Especialmente com crianças, considere fazer perguntas abertas em vez de simplesmente perguntar "O que você fez hoje?" A maioria das vezes a resposta vai ser "Nada."

D = Esteja *disposto* a se envolver.

Talvez você verá a necessidade de se virar do seu computador ou abaixar seu celular para poder ouvir. Demonstre disposição para se envolver em toda a conversa e com todo seu corpo.

O = *Olho* - Faça contato visual.

Olhe para a pessoa que está falando com você. Ouça com seus ouvidos e com seus olhos.

Sim, contato visual não é apropriado em algumas culturas, então por favor aplique esse princípio criteriosamente se estiver em uma destas culturas.

R = Relaxe, responda e repita.

Quando estiver ouvindo, relaxe, responda e talvez até *repita* de volta (se necessário) o que a pessoa disse para ter certeza de que comunicação plena aconteceu.

Se você aprender a aplicar esse modelo de escuta S.I.A.D.O.R., as pessoas que estão com você – quer seja em casa, no trabalho ou em qualquer esfera que você estiver – se sentirão mais confiantes de que você se importa com elas porque você estará mais envolvido com o que elas estão dizendo.

Lembre-se de que 55% da comunicação é através da linguagem corporal. Isso não se aplica só quando falamos, mas também quando escutamos.

16

ETIQUETA DE E-MAIL

UMA PORÇÃO SIGNIFICATIVA DE NOSSA COMUNICAÇÃO acontece através de e-mail. Eu não posso mais imaginar conduzir negócios em uma organização sem ele. Uma parte chave de meu crescimento como líder transformacional foi aprender como me comunicar apropriada e eficazmente por e-mail. (Eu ainda cometo erros ocasionalmente, então seja paciente consigo mesmo).

Há uma grande chance de que um de seus e-mails não foi bem entendido em algum ponto de sua vida. E-mail pode rapidamente desencadear conflito desnecessário. Aqui estão algumas dicas para usar e-mail como uma ferramenta de comunicação eficaz.

1: Não presuma energia e emoções em e-mails.

Tudo o que você tem em um e-mail são palavras, que apenas contabilizam 7% da comunicação. Os outros 93% da comunicação acontecem através de linguagem corporal e tom de voz, que não podem ser vistos ou ouvidos através de texto apenas. Se mantivermos isso em mente, será mais fácil de evitar responder com energia ou emoção negativa.

2: Use uma saudação em seus e-mails.

Comece com algo simples como o nome da pessoa ou uma simples saudação (p. ex. "Espero que seu dia esteja indo bem").

Isso ajudará a prevenir que a pessoa leia emoção ou energia negativa em seu e-mail.

3: Use o canal de comunicação em que você quer que a pessoa responda.

Se você quer que a pessoa ligue para você, ligue para ela. Se você quer que ela responda por mensagem de texto, envie uma mensagem de texto. Não mande uma mensagem e texto dizendo: "Me ligue." Não mande um e-mail para alguém dizendo: "Me mande uma mensagem de texto." Não envie um e-mail dizendo: "Me ligue." Isso não é justo. Isso é colocar a sua responsabilidade em outra pessoa. Como você gostaria de receber 20 e-mails ou 20 mensagens de texto de 20 pessoas diferentes em um dia dizendo: "Me ligue quando puder?" Se mensagem de texto ou e-mail é sua forma preferida de comunicação, uma simples mensagem na secretária eletrônica depois da mensagem de texto, lembrando a pessoa que você enviou um texto ou um e-mail pedindo que ela lhe ligue é uma solução fácil. Em outras palavras, não espere uma ligação de volta se você mandou uma mensagem de texto ou e-mail para alguém.

4: Tenha cuidado com o uso de negrito e maiúsculas.

Negrito ou letras maiúsculas podem facilmente comunicar a alguém que você está gritando. Quando usar negrito ou maiúsculas, tenha cuidado de que você os está usando apenas para destacar uma seção ou pensamento para facilitar a leitura – não como um grito.

5: Seja claro em sua linha de "assunto."

Uma boa linha de assunto lhe ajudará a ficar em comunicação sobre uma questão enquanto trabalha nela.

6: Se tratar de vários tópicos, use pontos ou numeração.

Não escreva o e-mail como uma carta. Não use parágrafos que enterram uma pergunta ou um ponto no meio deles; será fácil para o leitor passar por cima. Mas se é um ponto ou um número, há uma melhor chance de ser entendido.

Também, se você quer responder no corpo do e-mail, use letras maiúsculas, uma cor ou fonte diferente. Se alguém envia uma lista de pontos ou perguntas, diga na parte superior: "Vou responder abaixo em uma fonte diferente e em letras maiúsculas [ou com uma cor diferente] para facilitar para você achar minhas respostas."

7: Mantenha conversas intactas.

Quando você está trocando vários e-mails, certifique-se de que o e-mail original esteja incluído e que ele permaneça incluído até que toda a comunicação relacionada ao assunto tenha terminado. Os e-mails anteriores devem ficar na correspondência para referência. Assim, você ajudará a evitar que a pessoa responda ao e-mail errado, especialmente se você tem múltiplas comunicações por e-mail com a mesma pessoa.

8: Limite o envio de e-mails com cópia carbono (Cc) ou cópia carbono oculta (Cco).

Eu fortemente encorajo você a ter cuidado como você usa as funções cópia carbono (Cc) e cópia carbono oculta (Cco). Você pode usá-las como uma forma de manter alguém informado. E esclareça se você quer que as pessoas "respondam a todos" para que elas não façam isso a menos que seja necessário. Assim, as pessoas não receberão dezenas de e-mails indesejados e desnecessários em sua caixa de entrada. Cco também é uma boa maneira de evitar que as pessoas enviem uma reposta usando "responder a todos."

Não use Cco para dar informação a alguém quando você não quer que outros saibam. Isto frequentemente acaba vazando e causando conflito e uma perda de tempo significativa. Parece tão simples, mas muitos fazem isso.

9: Não resolva conflito por e-mail.

Se há um conflito acontecendo, pegue o telefone ou fale com a pessoa face a face. Quando tentamos resolver conflito através de e-mail (ou mensagem de texto), estamos apenas prolongando e muitas vezes piorando o conflito. E lembre-se de que o recipiente da mensagem está recebendo apenas 7% da mensagem, o que pode prolongar e aprofundar o conflito.

10: Evite usar palavras no contexto errado

Uma palavra que é frequentemente mal usada em e-mail bem como em comunicação verbal é a palavra *precisar*. Por exemplo: "Você *precisa* fazer isso" ou "Eu *preciso* fazer aquilo." Guarde o verbo *precisar* para algo de que você realmente precisa.

Evite também o uso indevido ou o abuso de palavras como *deve* ou *tem* em frases como: "Você deve (ou você tem que) fazer isso." *Deve* é uma palavra que traz vergonha e *tem* pode ser manipuladora.

Tenha cuidado ao usar a palavra "*mas*". Frequentemente as pessoas falam palavras de encorajamento e então dizem: "Mas..." Isso é chamado de louvor transicional e fará com que a pessoa esqueça como você a encorajou e só se foque no que vem depois do "mas."

Cuidado ao usar palavras como *sempre* e *nunca*. "Você sempre faz isso." "Você nunca faz aquilo." Normalmente não é verdade.

11: Exclua palavrões.

Eu recebo muita reação negativa neste ponto, mas não tenho problema com isso. Você se impressiona quando pessoas falam palavrão com você ou na sua frente? Se não, então você pode ter toda certeza de que eles não se impressionam quando você fala. Eu sugiro que você remova o uso de palavrões em sua organização e em sua vida pessoal. Estas palavras não lhe ajudam. Elas não adicionam produtividade. Na verdade, elas podem diminuir produtividade.

17

Como Lidar com Pessoas Irritadas

Muitos anos atrás, uma cliente veio à nossa empresa com uma foto que ela queria que imprimíssemos em uma camiseta. É difícil de imaginar com a tecnologia atual, mas imprimir uma foto numa camiseta não era muito comum naquela época. Eu disse a ela que não era possível fazê-lo.

– Estava pensando em algo como aquelas fotos que vejo na parede – ela disse.

O que ela tinha visto eram imagens de animais que pareciam fotos que tinham sido feitas à mão. Tínhamos feito aquilo para grandes varejistas que faziam grandes pedidos, o que justificava o tempo requerido para fazer aquele trabalho artístico complicado e demorado. Expliquei isso a ela. Não sei se ela acreditou em mim, mas era a verdade.

Enquanto eu e a agente do atendimento ao cliente explicávamos isso a ela, nosso diretor de arte passou por perto. Ele olhou e disse:

– Posso fazer uma tentativa com isso?

– Você sabe que não podemos colocar uma foto numa camiseta – eu disse.

– Talvez possamos agora. Nosso novo Apple acabou de chegar – ele disse.

– O que é um Apple? – eu perguntei.

– Você aprovou a compra.

Ele então me explicou que era nosso novo sistema de computador. Olhei de volta para a cliente e disse:

– Você quer que a gente tente?

Produzimos então um exemplar com nosso novo computador da Apple e ficamos muito empolgados. Sabíamos que isso nos colocaria no mapa da indústria de serigrafia.

A cliente veio, viu o que fizemos e ficou extremamente feliz. Fez um pedido razoavelmente grande das camisetas para vender em sua loja. Então fizemos as camisetas e ela voltou alguns dias depois para buscá-las.

Quando voltou, eu, por acaso estava no andar de baixo, de pé perto da porta, vendo-a com a agente do atendimento ao cliente enquanto buscava seu pedido. Enquanto elas conversavam, pude ver que ela estava feliz. Ela preencheu o cheque e alguém foi buscar as camisetas para colocar em seu carro.

Enquanto ela preenchia o cheque, alguém veio falar comigo e eu o levei num tour de nosso prédio. De repente, eu a ouvi gritando com nossa agente do atendimento ao cliente. Eu não tinha a menor ideia do que tinha acontecido, mas ela estava com raiva e gritando. Eu vi a moça do atendimento ao cliente fazer o que ela tinha que fazer, sentada calmamente e ouvindo. Mas a mulher não parava e começou a xingar nossa agente.

Aquilo foi suficiente para mim. Fui até lá e disse:

– Senhora, posso ajudá-la?

Ela pegou a camiseta e disse:

– Olhe aqui!

Eu olhei e não vi nada de errado. Ela enfiou a mão na bolsa e pegou uma lupa para me mostrar o que, na indústria de camisetas, chamamos de *pinhole*. Isso acontece quando um pouco de tinta passa pela tela para a camiseta. Se você vir um, pode removê-lo com um spray especial e tudo fica perfeito. Se você não pode ver a olho nu, não sabe que está lá. Mas com a lupa você podia ver esse *pinhole* embaixo do logo, mas não muito próximo.

– Sim, senhora. Eu vejo exatamente o que a senhora está falando – eu disse.

Olhei para a agente do atendimento ao cliente e disse:

– Eu vi que ela lhe deu um cheque.

– Sim, ela deu – disse a agente.

– Posso ter o cheque?

Ela me deu o cheque. Um outro funcionário me ajudou e nós carregamos as camisetas no carro da cliente. Então olhei para ela e lhe devolvi o cheque.

– Sabe de uma coisa, senhora? Eu entendo que há um pequeno *pinhole* naquela camiseta, invisível a olho nu. Isto não vai afetar a venda da camiseta. Porém, a senhora pode levar as camisetas e aqui está seu dinheiro de volta. Mas deixe-me esclarecer uma coisa para a senhora. Ninguém xinga meus funcionários. Nunca mais volte à minha empresa a não ser que esteja disposta a pedir desculpas à minha funcionária pela maneira como a tratou.

Cerca de uma semana depois, um dos meus funcionários me chamou em meu escritório e disse:

– Ford, dona B está no telefone.

(A essa altura ela tinha um apelido em nossa empresa). Eu peguei o telefone e disse:

– Oi, dona B, como está?

(Eu não a chamei de dona B, mas bem que pensei nisso).

– A camiseta é campeã de vendas de todas as que já tive!

– Fico muito feliz por você – eu disse.

– Eu realmente preciso que você me faça mais – ela disse.

– Sim, senhora.

– Seus funcionários no andar de baixo me disseram que não podem tirar meu pedido – ela explicou.

– Isso não é verdade – eu disse. – Ficaríamos felizes de fazê-las para a senhora.

– Ficariam? – ela perguntou.

– Sim, senhora. Tudo o que a senhora tem que fazer é vir aqui e pedir desculpas à moça que a senhora xingou.

– Você não pode me forçar a fazer isso.

– Você está absolutamente certa. Eu não posso lhe forçar a fazer isso.

Perplexa, ela perguntou:

– Mas você vai fazer minhas camisetas?

– Sim, senhora. Fico feliz de fazer suas camisetas. Tudo o que a senhora tem que fazer é vir aqui e pedir desculpas.

– Você não pode me fazer pedir desculpas àquela menina.

– Não, senhora. Eu não posso fazê-la pedir desculpas.

– Eu realmente preciso dessas camisetas – ela declarou com frustração na voz.

– Feliz de fazê-las para a senhora – eu disse. – Tudo o que a senhora tem que fazer é vir pedir desculpas.

Eu pude sentir que ela estava ficando com mais e mais raiva.

– Senhora, deixe-me ajudá-la – eu disse. – Nós temos cinco concorrentes na cidade. Eu vou lhe dar seus nomes e telefones e a senhora pode ligar para eles.

– Já liguei. Eles não fazem isso.

Sim, eu sei disso, pensei comigo mesmo.

– Mas tem concorrentes nacionais. Talvez eles possam – eu disse.

– Não consigo encontrar ninguém que possa imprimir uma foto numa camiseta.

– Sim, senhora – eu disse. – Eu tentei lhe explicar isso.

– Eu realmente preciso dessas camisetas.

– Adoraria fazê-las pra senhora.

– Você adoraria?

– Sim, tudo o que a senhora tem que fazer é vir pedir desculpas àquela moça.

Bum! Ela bateu o telefone no meu ouvido. Liguei para o andar de baixo e disse:

– Ela desligou na minha cara.

Cerca de 30 minutos depois, recebi outra ligação.

– Ei, Ford... Dona B. está aqui embaixo.

Desci, e lá estava ela. Fui até ela e disse:

– Oi, dona B. Bom lhe ver!

– Tem alguma maneira de eu conseguir que você me faça essas camisetas? – ela implorou mais uma vez.

– Sim, senhora. Ela está sentada ali.

– Você vai me forçar a fazer isso? – ela perguntou.

– Não, senhora. Eu não posso lhe forçar a fazer isso. A escolha é totalmente sua.

– Vou fazer isso – ela disse.

– Espere um minuto – eu disse.

– O que foi?

– Aquele dia que a senhora a xingou, todo o escritório da frente ouviu. Todos eles vão lhe ouvir pedir desculpas.

– Você me forçaria a fazer isso?

– Não, senhora... A escolha é totalmente sua. Se você pedir desculpas, faremos as camisetas. Se não pedir, não faremos.

– Ok, vou fazer isso.

Reunimos todo mundo e ela pediu desculpas.

Então chamei o gerente de produção. Ele se aproximou e disse:

– O que está acontecendo?

– Dona B disse que essa é a camiseta campeã de vendas de todas as que já vendeu. As camisetas acabaram e ela quer saber quando podemos fazer mais.

– Deixe-me checar o calendário da produção... Ford, você pode vir aqui comigo?

Enquanto andávamos e ele olhava o calendário da produção, ele me disse:

– Eu pensava que não íamos mais fazer negócio com ela.

– Puxa vida! – eu disse – Eu devia ter trazido toda a fábrica para cá. Não, brincadeira. Ela pediu desculpas.

– Pediu?

– Sim, na frente de todos os colaboradores.

Ele voltou para dona B. e disse:

– Senhora, deixe-me olhar melhor nosso calendário. Agora mesmo estamos produzindo para daqui a duas semanas, mas eu entendo que a senhora está sem camisetas, então vou checar.

Ele voltou e disse:

– Se eu pudesse terminar essas camisetas hoje às 5 da tarde dando uma mexida em algumas coisas no calendário, a senhora poderia vir buscá-las hoje?

Uma lágrima surgiu no olho dela. Ela olhou para ele e disse:

– Você faria isso para mim?

– Sim, senhora. A senhora é uma das nossas melhores clientes.

Processo de Sete Passos para Lidar Com Uma Pessoa Irritada

Qual é a melhor maneira de lidar com uma pessoa irritada?

1: Fique em silêncio.

Assim que a pessoa tiver terminado de expressar sua raiva para você, fique em silêncio e não responda. Por quê? Porque a epinefrina da pessoa ainda não terminou seu curso pelo corpo. Ela provavelmente não acabou de descarregar em você.

2: Fique em silêncio.

Quando a pessoa vier "para cima de você" de novo, fique em silêncio. Por quê? Essa pessoa provavelmente vai vir para cima de você de novo porque sua epinefrina ainda está sendo liberada.

3: Fique em silêncio.

De novo, fique em silêncio.

As pessoas frequentemente me perguntam: "Porque você diz às pessoas para ficarem em silêncio por tanto tempo, e como sabemos quando podemos responder?" A maneira que você vai saber é pelo nível de *intensidade* da pessoa e *duração* da raiva. A intensidade e duração da raiva da pessoa diminuirá quando a epinefrina terminar de seguir seu curso. Ao ver que a intensidade está diminuindo e a duração ficar mais curta, você saberá que é hora de responder.

Se você der uma resposta cedo demais, a pessoa provavelmente vai lhe cortar. Tenho certeza que você já viu isso antes. Você provavelmente já fez isso. A pessoa lhe corta, começa tudo de novo e nem vai lembrar o que você disse porque a parte racional do seu cérebro está inibida no momento. Então, a melhor maneira de poupar tempo e salvar o relacionamento é permanecer em silêncio até que a pessoa não esteja mais com raiva.

4: Agradeça à pessoa por seu feedback.

Uma vez que você perceber que o nível de intensidade da pessoa diminuiu, recomendo que sua primeira resposta seja agradecer à pessoa por seu feedback. Diga à pessoa: "É esse tipo de feedback que ajuda nossa organização a melhorar." Ou, você pode dizer: "É esse tipo de feedback que me ajuda a crescer como líder." Então, rapidamente acrescente: "Posso repetir o que você disse para ter certeza de que entendi?"

5: Repita de volta para ter certeza de que você entende bem o que a pessoa está dizendo

Quando fizer isso, há uma boa chance de que a pessoa dirá: "Eu não disse isso," mesmo que você saiba que disse. Não fique com raiva. Não se ofenda. Não presuma que a pessoa está mentindo. Ela provavelmente não se lembra do que disse porque a parte racional de seu cérebro não estava funcionando com a capacidade total. A pessoa não está necessariamente mentindo.

Essa é uma razão porque muitas grandes empresas gravam interações do atendimento ao cliente. Nem o cliente nem o agente podem escapar dizendo: "Eu não disse isso." A gravação verificará exatamente o que foi dito.

Quando você repetir o que ouviu e a pessoa disser: "Eu não disse isso," apenas pergunte: "Você pode repetir o que disse para ter certeza de que eu entendo?"

6: Faça um compromisso e dê seguimento.

Quando você tiver um entendimento complete do que foi dito, 1) comprometa-se a agir e 2) dê seguimento a esse compromisso. Qual a diferença entre estes dois passos?

Primeiro, você deve fazer um compromisso para agir baseado no que a pessoa compartilhou com você. Por exemplo, digamos que um cliente está com raiva de um de seus cooperadores, mas o cooperador em questão não está no escritório. Meu compromisso com o cliente seria este: "Eu ligarei de volta em 24 horas. A pessoa vai estar de volta amanhã."

Segundo, você deve dar seguimento àquele compromisso de ação. Talvez o funcionário ficou preso em um lugar sem cobertura de celular e não pôde voltar para a cidade. Em 24 horas você ainda deve ligar para o cliente e cumprir o compromisso que fez.

7: Faça um compromisso e dê seguimento ao problema quando tiver todos os detalhes.

Quando você tiver toda a informação de que precisa para tomar uma decisão, deve fazer um compromisso de agir para ratificar a situação. Se sua organização estava errada, a melhor coisa a fazer é pedir desculpas. Depois de falar com seu cooperador, sugiro que a pessoa que cometeu o erro deve pedir desculpas em seis passos. É um ótimo momento de treinamento para a pessoa, e você também está garantindo que o funcionário não está sendo prejudicado com o cliente por você ter feito o pedido de desculpas no lugar dele.

Em seguida, diga ao cliente como você melhorou, que sua organização estava errada no que fez e que você sente muito. Então, peça perdão. Explique que a pessoa é um cliente importante e que você quer que ela cobre de sua organização para sempre fazer o que diz que vai fazer. Então, pergunte se há mais alguma coisa que sua organização fez pela qual você precisa pedir desculpas.

Eu sempre dizia aos que trabalharam comigo nas organizações de que era proprietário ou consultor: "Você vai cometer erros. Eu vou cometer erros também. Se você vai cometer um erro, por favor não cometa um tão grande que feche as portas de nossa organização".

Todavia, se você cometer um erro com um cliente, esse processo pode garantir que você conquiste um cliente por toda a vida. Esse processo funciona não somente com um cliente irritado, mas também com uma criança, cônjuge, cooperador, amigo ou chefe irritado. Fique em silêncio. Fique em silêncio. Fique em silêncio. Deixe que a epinefrina termine de seguir seu curso. Agradeça à pessoa por seu feedback. Repita para a pessoa aquilo que ela disse. Então, faça um compromisso de achar uma solução. Se o cliente, você ou seu cooperador estavam errados, explique o erro e siga adiante com uma solução. Dê seguimento e certifique-se de que a solução é implementada.

O cliente *nem sempre* está certo, mas é sempre o cliente.

Se você ou sua organização não estiverem errados, a solução não necessariamente será um pedido de desculpas.

Frases como "o cliente sempre tem razão" e "o cliente vem primeiro" têm sido ditados comuns no mundo dos negócios. Todavia, estas frases não são verdadeiras. A seus cooperadores elas não fazem sentido porque o cliente *nem sempre* está certo.

Acredito plenamente nestas duas frases: *O cliente não está sempre certo, mas é sempre o cliente. O cliente vem segundo.* Se você coloca seus cooperadores em primeiro lugar, não terá que se preocupar com seus clientes. E se você puder lidar com clientes irados de uma maneira saudável, terá uma melhor chance de conquistá-los para sempre. Quando bem feito, você terá clientes por toda a vida e cooperadores por toda a vida.

A pessoa fora da minha casa não vem primeiro. Minha esposa vem primeiro. E se ela vem primeiro, eu não tenho que me preocupar com nossos relacionamentos fora de casa. Minha esposa vai saber que ela vem primeiro em minha vida. As outras crianças no bairro não vêm primeiro. O professor não vem primeiro. Meu filho vem primeiro. Mas o professor sempre é o professor, e o treinador é sempre o treinador, então vou tratar o professor e o treinador com respeito. Mas meus filhos sempre vão saber que eles vêm primeiro em minha vida.

O processo de sete passos que discutimos neste capítulo lhe ajudará a lidar com pessoas irritadas de uma maneira que pode restaurar o relacionamento e capacitar você a manter o cliente por toda a vida, manter o cônjuge por toda a vida, manter um relacionamento forte com seus filhos e manter suas amizades intactas.

18

Modelo S.I.D.E.A. para Reuniões Eficazes

A FERRAMENTA QUE ESTOU PRESTES A COMPARTILHAR COM VOCÊ é uma com a qual eu peço que você tenha muito cuidado. Porque as pessoas gostam muito dela, às vezes ela é usada da maneira errada. Essa ferramenta não é para ser usada para controlar ou manipular pessoas. Sua intenção é fortalecer relacionamentos, comunicação e produtividade em sua organização. É chamada de modelo S.I.D.E.A. e é uma ferramenta para lhe ajudar a ter reuniões eficazes.

S.I.D.E.A.

S = Saudação

O "S" é de *saudação*. Neste estágio da reunião, é hora de compartilhar algumas boas novas. Eu digo, "Me diga algo bom que está acontecendo," "O que você fez de divertido no fim de semana?", ou "O que está acontecendo de positivo em sua vida?"

Como já treinei vários times esportivos infantis, usei o modelo S.I.D.E.A. com os jogadores. Técnicos, juízes e pais de outros times vinham me perguntar: "Como você consegue fazer com que crianças de 9 anos façam esse tipo de coisa? Fazer essas jogadas? Jogar esse tipo de defesa? Eles têm nove anos. Quantas vezes por semana vocês treinam?"

Treinávamos uma vez por semana por 50 minutos. Durante os primeiros cinco a sete minutos do treino, as crianças podiam tirar coisas de suas mentes. Eu dizia:

– Me diga uma coisa boa.

– É meu aniversário essa semana.

– Tirei um 10 na minha prova.

– Minha avó está vindo.

Quando todas essas coisas tinham saído de suas mentes, eles podiam se concentrar totalmente no treino.

É assim com adultos também. Quando eles têm a oportunidade de compartilhar o que está em suas mentes, eles se concentram muito mais na reunião a seguir. Isso acaba economizando tempo para você e sua equipe.

Durante o estágio de *saudação*, fale também algumas palavras de encorajamento. Quando você está numa reunião de trabalho ou tendo uma refeição, fale palavras de encorajamento para as pessoas de sua equipe. Quando estiver reunido com sua família, diga palavras de encorajamento a seus filhos e cônjuge. Encoraje-os por algo que fizeram. Agradeça-lhes por algo que fizeram.

Abra a reunião num tom positivo com boas novas e palavras de encorajamento.

I = Interaja (Inquira)

Então, é hora de *fazer perguntas* e *interagir*. Essa é uma parte muito importante do modelo. Você pode abrir a reunião dizendo: "Aqui está a agenda da reunião. Há algo mais que alguém gostaria de adicionar à agenda?" Isso não quer dizer que você tenha que discutir tudo que venha a ser adicionado, mas significa que você iniciou a reunião pedindo o feedback deles. Você pode perguntar: "Há alguma necessidade que algum de vocês tenha hoje que talvez a gente não saiba?" Se é a primeira vez que você encontra com a pessoa, considere dizer: "Conte-me sua história."

Se você gastar de 2-4 minutos fazendo perguntas cedo na reunião, dará oportunidade às pessoas de tirar de suas mentes coisas que os incomodavam, capacitando-os a se engajarem melhor na reunião.

Seria fácil de presumir que o modelo S.I.D.E.A. faria reuniões mais longas em vez de mais curtas. A razão por que ele economiza tempo é porque as pessoas podem dar sua sugestão antes que a parte de discussão oficialmente comece. Todos estamos acostumados com reuniões em que um turbilhão de coisas está se passando pelas mentes dos participantes, impedindo-lhes de se engajarem completamente com os itens específicos da agenda de discussão. Isso frequentemente tira a agenda dos trilhos e faz com que a reunião demore mais. Mas se você puder tirar esse turbilhão de suas mentes antes de começar a discussão, terá uma reunião mais produtiva e eficaz.

D = Discuta

Agora é hora da parte da *discussão* da reunião. Em uma reunião organizacional, normalmente há uma agenda a ser discutida.

E = Empodere

Depois da discussão, é hora de *empoderar* as pessoas na reunião para saírem e cumprirem seus papéis do que foi discutido. Empodere as pessoas antes de saírem da sala para ter certeza de que cada pessoa sabe o que deve fazer. Quando todos voltarem na manhã seguinte, podem dar um relatório de como se saíram.

A = Acione

Ao empoderamento combine o *acionamento*. O acionamento é uma história encorajadora, poema ou vídeo que inspire e motive as pessoas a fazerem o que concordaram em fazer. Uma outra pessoa que não o facilitador da reunião pode ser designado para dar uma mensagem de acionamento. Certifique-se de que as pessoas estão encorajadas ao saírem da reunião para realizar seus papéis que contribuem para a visão ou objetivos da organização.

Use o "S.I.D.E.A." com as motivações certas.

A intenção deste modelo é construir relacionamentos. Ele pode funcionar de modo fenomenal quando você o usar com as motivações certas. Ele pode facilitar um grande jantar em família. Ele funciona bem para qualquer reunião de equipe que você tiver.

Ao mesmo tempo, se você abusar dele para fazer com que pessoas façam coisas para seu benefício pessoal, as pessoas vão enxergar isso, fazendo com o que o tiro saia pela culatra. Por outro lado, se você usar esse modelo genuinamente para receber feedback e construir relacionamentos, sua equipe vai se fortalecer e o resultado será um desempenho mais alto. As pessoas saberão a diferença baseadas em sua atitude. Durante a parte de palavras de encorajamento, elas poderão dizer se você está apenas bajulando as pessoas ou se está genuinamente encorajando-as. Eles saberão se você realmente está interessado quando pergunta: "Vocês precisam de alguma coisa?" ou "Vocês querem acrescentar alguma coisa à agenda?" Você está fazendo isso só para passar pelo processo para chegar até a discussão? Eles estarão observando sua linguagem corporal e tom de voz.

Como se parece uma aplicação manipulativa do modelo S.I.D.E.A.? Um vendedor pode iniciar a reunião, fazer o passo da saudação, compartilhar algo bom, encorajar a pessoa e pode até perguntar: "Agora, diga-me sua história." Mas quando chega na parte da *discussão*, a primeira coisa que ele faz é pegar seus catálogos e seu único interesse é fazer a venda, não construir o relacionamento. Então, o vendedor *apenas* usou o S.I.D.E.A. para vender seu produto.

Devemos ter cuidado para não usar a parte relacional do S.I.D.E.A. só para realizar a transação porque isso não é muito relacional ou *relactional*. Isto é ser apenas transacional e manipulativo.

Use este modelo para construir relacionamentos. Quando seus relacionamentos estiverem fortes, as vendas aumentarão porque a equipe vai trabalhar junta.

Como se parece o modelo S.I.D.E.A. em ação?

Eu vi o S.I.D.E.A. funcionar em uma indústria após outra.

Quando comecei a ensinar isto, me disseram que não tinha a menor chance de isto funcionar com certas faixas etárias ou em certas indústrias. Uma destas era a indústria bancária.

Dei o treinamento Liderança Transformacional para a equipe de uma empresa de fusões e aquisições em 2007. O presidente da empresa me perguntou:

– Ford, o que você acha que precisamos mudar em nossa empresa para sermos bem-sucedidos a longo prazo? O que você vê no futuro?

– Não acho que você vai querer ouvir o que tenho a dizer – eu respondi.

– Queremos muito – ele me garantiu.

– Bem, o problema é que estamos prestes a passar pela pior recessão que já tivemos desde a Grande Depressão. O mercado acionário vai cair 50%. Em sua empresa agora, você está indo bem porque a indústria de fusões e aquisições está em sua melhor fase em toda a história dos Estados Unidos. Por causa disso, há muitas outras coisas que vocês fazem bem que os banqueiros, contadores e advogados se esqueceram porque vocês são tão bem-sucedidos na indústria. Eu começaria a relembrar estes banqueiros, contadores e advogados sobre isso. Diga a eles: "Ei, se você precisar deste tipo de trabalho, não se esqueça de ligar pra gente."

No ano seguinte, o mercado acionário realmente caiu 50%. Quando caiu, esta firma de porte médio de fusões e aquisições começou a reduzir sua folha de pagamento porque não havia nenhuma fusão e aquisição acontecendo naquela época. Não havia dinheiro suficiente para comprar e vender com confiança porque o valor do dinheiro e o valor do mercado acionário tinha caído tão significativamente.

No meio disso, o diretor financeiro daquela empresa me ligou e disse:

– Ford, tenho um problema. Estou usando seu modelo S.I.D.E.A. com meus clientes e ele simplesmente não está funcionando.

– Então não tenho certeza de que você o está usando.

– Você poderia ir comigo visitar um cliente? – ele respondeu.

– Eu adoraria.

Então fomos a um banco que ele queria ter como cliente. Esse diretor financeiro havia trabalhado neste banco por muitos anos no início de sua carreira, e era muito benquisto lá. Mas o banco não estava mandando nenhum negócio para ele. Concordei de ir com ele para uma reunião com o diretor executivo do departamento de cobrança, para discutir o tipo de negócio que eu havia recomendado que essa empresa buscasse antes da queda do mercado acionário. Uma das responsabilidades deste departamento é remover empréstimos inadimplentes do portfólio do banco. A dívida de muitas empresas e pessoas físicas foram transferidas do departamento de crédito para o departamento de cobrança para serem eliminadas neste período porque muitas pessoas haviam se tornado inadimplentes.

Quando chegamos para nossa reunião com o diretor executivo, seu assistente nos levou ao escritório dele. Eu então comecei o processo S.I.D.E.A. Ele não estava lá quando chegamos.

Quando entramos no escritório dele, comecei a observar as fotos na parede. Frequentemente você pode dizer o que é importante para as pessoas pelo que elas colocam em suas paredes. Vi algumas fotos de sua família, que me deu informações valiosas sobre este homem e o que era importante para ele.

Alguns minutos depois, ele entrou e se apresentou rapidamente e começou a nos levar para a sala de reunião onde seus colegas estavam esperando por nós.

– Antes de irmos, você pode me fazer um favor? – eu disse.

– Sim – ele disse.

Apontando para uma foto dele com várias pessoas diferentes, perguntei:

– Você pode me falar sobre essa foto?

Ele passou os próximos 20 minutos me falando de cada indivíduo na foto.

Depois que terminou com aquela foto eu perguntei:

– Essa foto aqui... é sua filha?

– É – ele disse.

– Ela joga basquete na liga amadora?

– Joga.

– Minha filha também. Em que time ela joga?

Ele me falou. A cerca de 30 minutos em nossa reunião de uma hora, ele olhou e disse:

– Ih, cara... meus dois colegas estão nos esperando na sala de reunião há 30 minutos. Temos que ir.

Quando chegamos na sala de reunião, nos apresentamos e eu comecei a lhes perguntar:

– Me falem um pouco sobre suas carreiras aqui... Há quanto tempo estão aqui? Notei que você tem uma aliança. Me fale sobre sua família. O primeiro cara passou 10 minutos falando sobre sua carreira e família. O segundo cara? A mesma coisa.

55 minutos adentro de nossa reunião de uma hora o vice-presidente olhou para mim e disse:

– Espere aí... o Tom lhe trouxe aqui hoje para nos apresentar a você para ver o que é que você faz que é tão único e diferente de outros consultores. Mas você não disse uma palavra sobre si mesmo ou sua organização.

– Não tem problema – eu disse. – Hoje eu só queria conhecer vocês. Poderíamos marcar uma segunda reunião para eu voltar? Nesta outra reunião eu posso compartilhar sobre quem somos.

– Tem alguma maneira de, em dois minutos, você me dizer qualquer coisa que possa me dar uma pista sobre o que você pode fazer por nós?

É muito difícil explicar o que fazemos em dois minutos. Não tenho certeza exatamente do que disse. Queria ter gravado.

O vice-presidente desse grande banco olhou para mim e disse:

– Tenho uma pergunta para você.

– O quê?

– Você pode ensinar minha esposa como me amar mais?

– Na verdade, eu posso – respondi.

Os dois colegas dele riram. Ele virou para eles e disse:

– Eu sei que vocês têm uma reunião agora. Eu também tenho. Vamos cancelar nossas reuniões. Quero que vocês vão a seus escritórios e tragam de volta todas as empresas com que precisamos de ajuda. Vamos dar uma passada nelas e ver quantas ele pode pegar.

Quando isso aconteceu, Tom disse:

– Espera aí…. O que acabou de acontecer aqui?

– Enquanto vocês pegam suas empresas, eu posso explicar para ele.

Depois que eles saíram eu disse:

– Tom, eu não posso pegar nenhuma dessas empresas agora nem que eu quisesse. Eu vim para conhecer esses caras para ver seu eu podia ajudar você e se eles precisavam do tipo de ajuda que você pode oferecer. Eu não sei o que vou dizer a eles quando me oferecerem esse trabalho, mas vamos ver no que dá. Você tem demonstrado muito desespero. Você tem usado o modelo S.I.D.E.A. para fazer uma venda. Você não o tem usado para manter o relacionamento.

Quando voltaram, eles colocaram uma pilha dos arquivos dessas empresas na mesa e nos pediram para dar uma olhada nelas. Depois de examiná-las por 45 minutos, escolhemos 5 empresas que achei que precisavam o tipo de ajuda que a empresa do Tom oferecia. Virei para o Tom e disse:

– O que acha destas cinco?

– Pode pegá-las.

Eu não tinha tempo disponível para ajudar essas empresas da maneira que elas precisavam. Eu disse:

– Tem alguma chance de deixarem a empresa do Tom ficar com elas?

– Com certeza. Tom, pode levá-las – eles disseram.

– O quê? – disse ele, surpreso.

– Tom, aqui estão seus novos clientes. Pode pegar – eu disse.

Nossa reunião tinha quase acabado quando o vice-presidente virou para mim e disse:

– Hoje mais cedo eu lhe fiz uma pergunta, e estava falando sério.

A essa altura, ele já tinha feito várias perguntas, então eu disse:

– Qual pergunta?

– Eu perguntei se você poderia ensinar minha esposa a me amar mais.

– Eu respondi, e estava falando sério. Seus colegas riram de você, mas eu posso ensinar sua esposa a amar você mais.

– Então se eu der a ela o cartão com seu número e ela lhe ligar, você vai falar com ela e vai ajudá-la e me amar mais?

Eu olhei para ele e disse:

– Senhor, eu nem sequer preciso conhecê-la.

Eu não precisava conhecê-la para ensiná-la como amá-lo mais. Ele era o único que eu precisava conhecer para ensiná-la como amá-lo mais.

É impressionante o que o modelo S.I.D.E.A. pode fazer quando usado para construir relacionamentos em vez de para buscar nossos próprios interesses.

Parte 4

DESEMPENHO DA EQUIPE
*RELA*CTIONAL

19

V.S.E.T.E.E.L.A. E LIDERE

QUE TIPO DE LÍDER você gostaria de seguir? Faça uma lista e veja no que pode pensar. Aqui estão alguns exemplos das características que podem estar em sua lista:

- Visionário
- Cuidadoso
- Bom comunicador
- Humilde
- Constante
- Decidido
- Bom delegador
- Empodera pessoas

- Sábio
- Compassivo
- Íntegro
- Acessível
- Bom ouvinte
- Empolgado
- Ensinável
- Bom senso de humor

Você gostaria de seguir um líder que tenha todas as qualidades listadas acima? Se você irradiasse estas qualidades, não acha que outras pessoas gostariam de seguir você? Certamente que sim!

Vamos começar a enquadrar estas qualidades como a definição de um líder ideal. Talvez sua definição não descreveria quem você é agora ou qualquer pessoa que conheça, mas qual é sua definição do líder *ideal*?

Eu sugiro a você que *"líderes* são aqueles que dão suas vidas para servir aqueles a quem influenciam." Quando digo "dão suas vidas", eu não quero dizer que morrem. Isso quer dizer que estão dispostos a deixar seus desejos pessoais de lado para assumir um propósito maior. Quando combinamos aquelas qualidades e habilidades com essa definição e adicionamos o propósito abaixo, podemos nos tornar líderes com muito mais influência do que jamais sonhamos. Isto é "V.S.E.T.E.E.L.A. e lidere." Vamos explorar este modelo.

V.S.E.T.E.E.L.A.

V = Visão

Líderes passam *visão*. Uma organização precisa de uma visão clara e atraente que pessoas sejam inspiradas a seguir.

S = Servir

Depois que a visão for transmitida, é responsabilidade do líder servir e assegurar que seus seguidores sejam ensinados, treinados e equipados para que então possam ser empoderados para realizar seus papéis para cumprir a visão compartilhada.

E= Ensinar

Líderes são responsáveis por fornecer o *conhecimento* de que os seguidores precisam para desempenhar suas funções para mover a organização em direção à visão.

T = Treinar

Líderes devem treinar seus seguidores, o que significa fornecê-los a experiência de que precisam para desempenhar, antes de lhes dar plena responsabilidade.

E = Equipar

Equipar é fornecer as ferramentas necessárias para que seus seguidores possam desempenhar no nível mais alto.

Antes de seguirmos adiante, vamos esclarecer a diferença entre ensinar, treinar e equipar membros da equipe. *Ensinar* fornece novo conhecimento. *Treinar* fornece experiência. *Equipar* fornece as ferramentas para o desempenho.

Por exemplo, digamos que você queira que seus colaboradores sejam ensinados, treinados e equipados para usar um iPhone, bem como vários aplicativos. Se você os levasse para uma sala e apresentasse várias apresentações de PowerPoint e um manual para lhes mostrar como usá-lo, isso seria *ensinar*.

Se um iPhone fosse dado para cada pessoa e lhes fosse permitido praticar o que estão lendo no manual e vendo nas apresentações de PowerPoint, isso seria *treinar*.

Se depois de todo ensino e treino eles fossem para o trabalho com um iPhone, isso seria *equipar*.

E = Empoderar

Quando o seguidor tem o conhecimento (ensino), experiência (treino) e ferramentas (equipar) para ter êxito, podemos empoderar a pessoa plenamente para fazer seu trabalho, o que leva a uma maior capacidade para o líder e para a organização.

Às vezes pensamos que estamos *empoderando* pessoas quando estamos apenas *delegando* tarefas. Mas se empoderamos pessoas antes de ensinar, treinar e equipá-las, podemos criar um problema para elas e para a organização. Delegação é um precursor do empoderamento e faz parte de ensinar, treinar e equipar.

Vamos supor que eu tenho uma nova assistente. Ela vem trabalhar na segunda de manhã e eu digo a ela que uma de suas responsabilidades é cuidar de minha agenda. Explico que na próxima quinta eu tenho quatro pessoas vindo para o almoço.

Eles vão chegar às 11:30. Eu peço à minha nova assistente para comprar três pizzas – uma calabresa, uma vegetariana e uma mozzarela – uma coca light, uma sprite e dois tipos de salada com molho italiano. Eu então dou o nome e número da pizzaria. Isto é *delegação*.

E como seria *empoderamento*?

Vamos avançar o calendário 90 dias. Nesse período eu ensinei, treinei e equipei essa pessoa para saber como administrar minha agenda. Na segunda de manhã a assistente entra em meu escritório e diz:

– Eu vi no seu calendário que você tem quatro pessoas vindo para o almoço. Tem alguma necessidade alimentar especial?

– Não – eu respondo. – Obrigado por checar.

Pouco depois, a pessoa me diz

– Seu almoço vai estar aqui às 11:30.

Isto é empoderamento.

Talvez mais tarde a pessoa vai dar uma batidinha na minha porta, colocar a cabeça pra dentro e dizer:

– A propósito, se você tivesse colocado em sua agenda que não há nenhuma necessidade alimentar especial, eu não teria que incomodar você.

O treinamento deve ser uma via de duas mãos para nos ajudar a desempenhar nosso trabalho mais eficazmente. Quando o relacionamento é forte, esse tipo treinamento em mão dupla pode acontecer.

L = Liberar

Uma vez empoderada, a pessoa tem o conhecimento, experiência e ferramentas necessários e você pode confiantemente *liberá*-la para cumprir sua responsabilidade, movendo para a visão comum.

A = Avaliar

Nesse ponto, o trabalho do líder é *avaliar* o desempenho da pessoa à luz de suas expectativas e visão para a organização. É importante que elas saibam e entendam como estão indo em seus papéis em relação à visão compartilhada.

V.S.E.T.E.E.L.A. para reduzir estresse em sua organização.

Pense em uma ocasião em que você enviou alguém de sua equipe para fazer algo antes que essa pessoa fosse ensinada, treinada e equipada. Pode ter sido seu colaborador, seu filho ou outra pessoa. Como foi a experiência? Qual era o seu nível de estresse?

Agora pense em uma vez em que você enviou alguém de sua equipe para fazer algo apenas depois de tê-lo ensinado, treinado e equipado para a tarefa.

Qual experiência foi mais produtiva? Menos estressante?

Baseado no modelo V.S.E.T.E.E.L.A., qual é a qualidade de sua liderança hoje? Onde você quer estar? Você é um professor, treinador e equipador? Você está empoderando? Você tem delegado antes ou depois de os membros de sua equipe terem sido ensinados, treinados e equipados? Se você estiver delegando antes de a pessoa estar pronta, você pode estar estressado e o membro de sua equipe e seus colegas também podem estar estressados como resultado.

Ao liderar, use o modelo V.S.E.T.E.E.L.A. Liderança se torna mais fácil e menos estressante quando nos cercamos de equipes empoderadas porque ensinamos, treinamos e equipamos.

Passe uma visão motivadora. Sirva. Ensine. Treine. Equipe. Empodere. Libere. Avalie. Como resultado, você se tornará um líder altamente influente, *relacional* e transformacional.

20

QUÃO SAUDÁVEL É SUA ORGANIZAÇÃO?

ATÉ AQUI NESTE LIVRO, temos discutido as ferramentas de liderança *relactional* que podem ajudar a aumentar o desempenho de sua organização. Agora vamos avaliar a saúde de sua organização.

Avaliando e Construindo Confiança

Construir confiança é um dos maiores desafios da formação de equipes de alto desempenho com fortes relacionamentos pessoais e alto desempenho pessoal. Algumas pessoas em sua organização têm uma dificuldade maior de confiar em você e em seus colegas. Elas estão numa extremidade da *linha contínua da confiança*. Essas pessoas demonstram uma confiança muito baixa ou nenhuma até que lhe demos uma razão para confiar em nós.

No outro extremo da linha contínua da confiança estão as pessoas com um alto nível de confiança, que confiam 100%, a menos que tenham uma razão para desconfiar.

Ao olhar a linha contínua da confiança, coloque suas iniciais no gráfico onde você acha que está. Agora coloque as iniciais de cada pessoa de sua equipe.

SEM CONFIANÇA   CONFIANÇA COMPLETA

Sem confiança até ter   Confiança total até ter
uma razão para confiar.   uma razão para não
                                                       confiar.

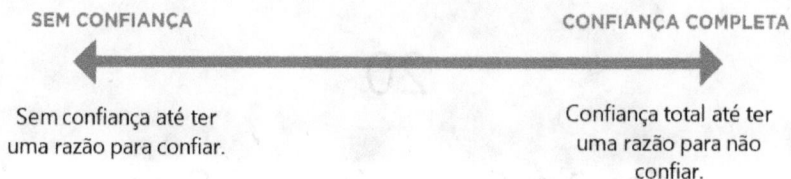

Onde há baixa confiança, haverá um desempenho geral mais baixo e relacionamentos doentios. Onde há um alto nível de confiança, haverá pelo menos relacionamentos saudáveis, e se tivermos feito um bom trabalho de ensinar, treinar, equipar e colocar pessoas certas nos lugares certos, também teremos um alto nível de desempenho individual.

Avaliando Desempenho e Saúde dos Relacionamentos

Agora imagine uma equipe da qual você faz parte. Avalie o nível de desempenho de cada pessoa em sua equipe, inclusive você mesmo. Coloque suas iniciais no lugar desse gráfico que corresponde a cada pessoa de sua equipe. Elas são pessoas de alto desempenho com relacionamentos saudáveis? Alto desempenho com relacionamentos doentios? Baixo desempenho com relacionamentos saudáveis? Baixo desempenho com relacionamentos doentios?

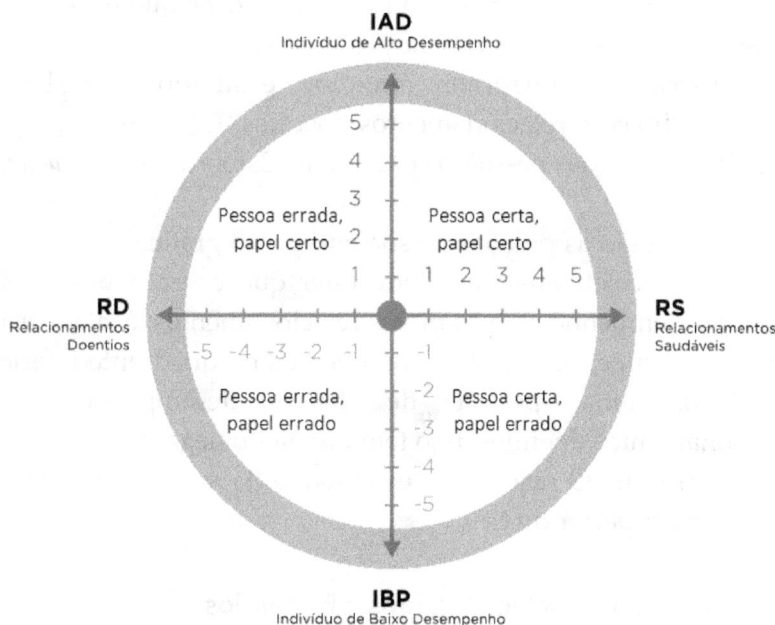

IAD
Indivíduo de Alto Desempenho

Pessoa errada, papel certo

Pessoa certa, papel certo

RD
Relacionamentos
Doentios

RS
Relacionamentos
Saudáveis

Pessoa errada, papel errado

Pessoa certa, papel errado

IBP
Indivíduo de Baixo Desempenho

Todas as pessoas no quadrante superior direito – pessoas de alto desempenho individual e relacionamentos saudáveis seriam consideradas núcleo central ou núcleo. Eu chamo isso de ter a *pessoa certa no papel certo.*

Se você tem pessoas no quadrante inferior direito, que significa que têm relacionamentos saudáveis, mas baixo desempenho, essas pessoas precisam de treinamento. Se você as colocar em papéis com responsabilidades que não podem cumprir, a culpa não é delas. Mas se você as colocar em papéis em que podem florescer, considere enviá-las a um treinamento para ajudar a ensinar, treinar e equipá-las melhor para que possam mudar para o quadrante superior direito. Eu chamo este quadrante de ter a *pessoa certa no papel errado.*

Pessoas no quadrante superior esquerdo têm alto desempenho com relacionamentos doentios. De que tipo de treinamento elas precisam? Treinamento de relacionamento.

Talvez precisem de controle de raiva. Você sabe quem são estas pessoas. Esta é a *pessoa errada no papel certo*.

Pessoas no quadrante inferior esquerdo têm baixo desempenho com relacionamentos doentios. Eu recomendo que você lide com essas pessoas rapidamente. Isto é a *pessoa errada no papel errado*.

Onde estão as pessoas de sua equipe no gráfico? Onde está sua equipe coletivamente? Onde quer que esteja a pessoa de menor desempenho com os piores relacionamentos, é lá que está toda sua equipe. Se você tem uma pessoa no quadrante inferior esquerdo, uma pessoa de baixo desempenho com relacionamentos doentios, isso tem um efeito negativo na equipe como um todo. O objetivo é levar todos da sua equipe para o quadrante superior direito.

Núcleo Central, Núcleo, Atraídos e Repelidos

Toda organização de que já fui proprietário, consultor ou envolvido de qualquer outra forma – quer seja no mundo dos negócios, ou em escolas, famílias, governos ou igrejas – tem quatro grupos distintos de pessoas. Quando você entende estes quatro grupos e como eles afetam sua organização, fica muito mais fácil lidar com eles.

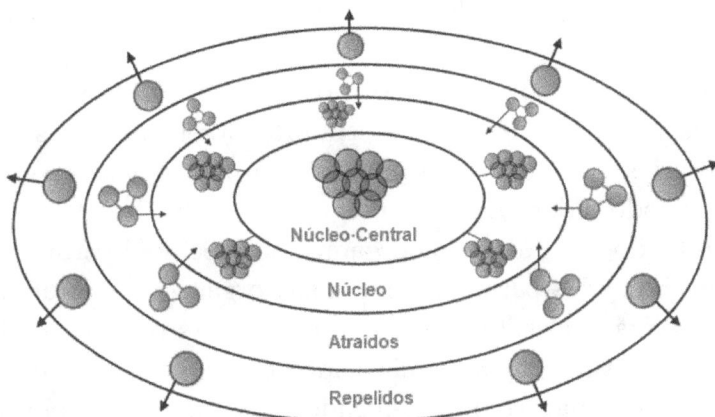

O primeiro grupo é o *núcleo central*. Tipicamente, esta seria a equipe de liderança ou gerência. O núcleo central consiste daqueles que compraram a visão. Eles acreditam nela de todo coração.

O próximo círculo concêntrico ao redor do núcleo central é o grupo chamado de *núcleo*. Estas pessoas podem não estar nas reuniões de gerência ou de visão, mas elas compraram a visão. Muito provavelmente elas reportam a alguém que está no núcleo central. Elas estão seguindo adiante com você.

O desafio é que há dois outros grupos em toda organização que já vi. O primeiro é chamado de *atraídos*. Eles estão olhando para dentro e dizendo: "Uau, acho que quero fazer parte disso." Mas, por alguma razão, eles não estão totalmente preparados para entrar. Por que pode ser isso? Talvez seja uma questão de hipocampo. Talvez eles estejam pensando: *Já vi isso antes e não estou convencido de que vai dar certo*. Talvez seja outra coisa, como um problema de confiança. Eles estão esperando que você estabeleça um pouco mais de confiança antes de dizerem: "Conte comigo." Mas eles estão pensando no assunto.

O quarto grupo é o problema. Estes são os *repelidos*. Eles não têm nenhuma intenção de entrar. São eles que puxam o pino e jogam a granada no meio do grupo. Por que fazem isso? Porque no momento eles controlam a cultura, e não querem abrir mão do controle.

Felizmente, só são necessários de 3 a 15% de qualquer organização para mudar a cultura. Infelizmente, só são necessários de 3 a 15% da organização para mudar a cultura. Então, todo líder deve se perguntar, "Que 3 a 15% estão controlando a cultura nesta organização?" Se você permitir que muitos repelidos permaneçam em sua organização, os atraídos vão se juntar a eles, tornando-se repelidos. Às vezes os atraídos se recusam a entrar porque não confiam que o núcleo central e o núcleo vão lidar com os repelidos. Quando removemos os repelidos ou os atraímos para o núcleo, os atraídos então entram para o núcleo.

O que aconteceria se você tivesse uma organização sem nenhum ou quase nenhum atraído, mas muitos no núcleo central e núcleo? Você teria um desempenho maior e relacionamentos mais saudáveis em sua equipe.

Infelizmente, os repelidos frequentemente são alguns de seus membros de maior desempenho. Contudo, eles estão arrastando sua organização para baixo. Você já notou que a maioria das organizações escreve suas políticas e manuais de procedimentos baseada em seus repelidos? Use o capítulo "Como Disciplinar" como referência para remover totalmente os repelidos de sua organização ou atraí-los para o núcleo. Você pode permitir que escolham: 1) entrar a bordo ou 2) achar outra organização.

Você alguma vez trabalhou duro e a pessoa ao seu lado na equipe não estava trabalhando duro e você pensou: *Que diferença faz se eu trabalho duro ou não?*

Você já trabalhou em uma organização onde você tentou ter uma boa atitude, mas alguém perto (talvez um grupo de pessoas) não tinha uma boa atitude? Ninguém lidou com a atitude ruim daquela pessoa, então você pensou, *por que eu devo ser o único a ter uma boa atitude?* Então você e outros ao seu redor trocaram uma boa atitude por uma ruim.

Talvez você fosse aquela pessoa que sempre chegava no trabalho na hora certa, mas um colega chegava 15 minutos atrasado todo dia. Você começou a questionar, *por que eu tenho que chegar no trabalho pontualmente?*

Em cenários como estes, fica fácil para pessoas boas caírem para a categoria de repelidos.

"Repelindo para Fora" um Repelido

Nossa empresa certa vez comprou uma empresa que estava arrecadando cerca de US$ 60 milhões em vendas anuais, mas não estava bem. Nossa intenção ao comprar esta empresa era restaurá-la, desenvolver uma equipe administrativa e deixar esta equipe manter a empresa usando as ferramentas que tenho compartilhado com você neste livro.

Em nosso primeiro dia de trabalho nesta empresa, estávamos ensinando muitos destes conceitos de liderança *relactional*. Durante um intervalo no meio do dia, a vice-presidente de vendas me chamou em seu escritório. Quando entrei, ela jogou suas chaves na mesa, indicando sua demissão.

Eu peguei as chaves e gentilmente disse:

– Tudo bem. Recolha suas coisas do escritório e saia até as dezessete horas hoje.

– O quê? – ela perguntou.

– Por que você jogou suas chaves na mesa? – perguntei.

– Isso quer dizer que estou pedindo demissão – ela respondeu.

– Então isso quer dizer que você não tem mais um emprego aqui – eu disse. – Pode tirar suas coisas do escritório.

– Você não pode ficar sem mim – ela disse. – Você sabe que eu gero 55 milhões dos 60 milhões em vendas? Estes relacionamentos são *meus*.

– Claro, eu sei disso. Nós fizemos nossa investigação antes de comprar a empresa.

– Seu jeito não vai funcionar – ela disse.

Eu estava pensando: *Nós não estaríamos aqui se o seu jeito estivesse funcionando. Nós compramos sua empresa porque seu jeito não está funcionando.* Eu disse:

– Então, por que você quer trabalhar aqui? Se meu jeito não vai funcionar, você pode sair. Eu não tenho nenhum problema com isso, então vá em frente e remova suas coisas do escritório.

Ela então começou a chorar e disse:

– Onde eu vou encontrar outro emprego que me paga um salário base de US$ 250.000 por ano mais comissão?

– Você provavelmente não vai conseguir – eu disse.

Ela começou a implorar por outra chance.

– Sabe... você acabou de me conhecer hoje, então vou fazer algo que nunca fiz antes. Eu vou lhe devolver suas chaves com duas condições. Número um: se você as jogar na mesa de novo, você está fora. Número dois: se eu escutar de qualquer pessoa que eu devolvi suas chaves, inclusive de sua mãe, você está fora. Não fazemos negócios assim. Não aceitamos isso. Fazemos algo totalmente diferente disso.

– Entendido – ela disse.

Cerca de três meses depois, adivinhe o que ela fez. Num momento de raiva, ela jogou suas chaves na mesa de novo. Acho que sua epinefrina entrou em ação. Eu imediatamente peguei as chaves. Numa tentativa de pegar as chaves antes de mim, ela arranhou minha mão. Eu disse:

– Minha jovem, você está fora. Não fazemos negócios assim.

Lembre-se de que ela fez uma escolha quando jogou as chaves na mesa. Eu não fiz a escolha por ela. Eu tinha dito que se ela fizesse isso de novo, seria o fim.

Em cerca de três meses da saída dela, nós reduzimos as vendas em US$5 milhões e aumentamos os lucros em 11%.

Muitas vezes, os repelidos são o problema. Mas o antigo proprietário e presidente não acreditava que havia qualquer maneira de a empresa ter sucesso sem ela porque ela estava gerando tantas vendas. Na realidade, ela era um problema.

Se lidamos com os repelidos, os atraídos vão entrar para o núcleo e sua organização alcançará um novo nível de eficácia.

21

CONFRONTANDO RESTRIÇÕES

QUALQUER COISA QUE LEVE VOCÊ à realização de um objetivo de sua organização é considerado *produtiva*. Se você lidera uma empresa com fins lucrativos, um de seus objetivos é gerar lucro. Em uma organização sem fins lucrativos ou em uma família, o objetivo seria definido de outras maneiras.

Quão produtiva é sua organização? Como você pode fazer sua organização mais produtiva?

Um dos meus ensinamentos preferidos sobre como resolver estes problemas é chamado de teoria das restrições (TOC), que foi desenvolvida pelo Dr. Eliyahu Goldratt.[4] Eu recomendo a leitura de seu livro intitulado *A Meta* para que você veja como seus ensinamentos podem lhe ajudar a resolver restrições em sua organização. Abaixo estão alguns ensinamentos e expansões em seus ensinamentos sobre sua teoria das restrições.

Há certos aspectos tangíveis e intangíveis que precisam ser canalizados pelo sistema de sua organização para que ela possa alcançar seu objetivo. Como denominado por Dr. Goldratt, estes itens são chamados *ganho*. Para uma empresa, esta é a velocidade em que um sistema gera dinheiro. Eu expandi sua definição para encaixar qualquer tipo de organização:

> Ganho é o índice pelo qual o sistema gera dinheiro (ou qualquer que seja seu objetivo), do momento em que uma ideia é concebida até que alcance seu usuário final, está paga e não é devolvida.

O índice de ganho de sua organização é a primeira medida de produtividade.

Por outro lado, uma *restrição* é qualquer coisa que inibe ou detém o ganho. É qualquer recurso que não pode produzir de acordo com a demanda colocada nele. Há dois tipos de restrições.

Primeiro, há restrições *pessoais* que todos temos como líderes. Lembre-se de que *"nenhuma organização pode ir além das restrições de sua liderança."*

A segunda categoria de restrições é *processos, políticas, sistemas e procedimentos.* *"Nenhuma organização pode ir além das restrições de seus processos, políticas, sistemas e procedimentos."* Normalmente estes são definidos pelo líder, portanto o líder tem direto controle sobre estes tipos de restrições.

Além do ganho, uma segunda medida de produtividade é *inventário,* que consiste de todos os itens que compramos com o propósito de vender.

A terceira medida de produtividade é *despesa operacional,* que consiste de todo o dinheiro que gastamos para transformar o inventário em ganho.

Como é que tudo isso funciona na prática?

Digamos que você quer vender uma camiseta impressa. O que é o *ganho*? Ao investirmos tempo e conhecimento para decidir a cor da camiseta, a logomarca que vai nela e a qualidade do material, estamos investindo ganho para nos ajudar a alcançar nosso objetivo de vender aquela camiseta. Continuamos adicionando ganho quando o design da camiseta vai para produção, depois para o departamento de frete e envio e para o comércio onde deve ser vendida. Nesta altura, o objetivo só é alcançado se o cliente pagar por ela e não a devolver. Se há uma devolução, o ganho não se concretiza plenamente.

Se você está administrando um negócio, entender o conceito de ganho lhe ajudará a determinar preços apropriados para seus produtos e serviços bem como melhorar a qualidade de seu trabalho para minimizar devoluções.

Como se parece ganho em uma família? Depende de qual é o objetivo. Digamos que seu objetivo seja que seu filho se forme numa faculdade, ache um emprego e seja um participante bem-sucedido da sociedade. Então todo o dinheiro que você gasta para que a criança nasça é despesa de inventário. Todo o dinheiro gasto criando e treinando aquela criança e também sustentando-a na faculdade seria despesa operacional. Se o filho ou filha se forma da faculdade, arranja um emprego, se torna autossuficiente e contribui para a sociedade para o resto de sua vida, você alcançou seu objetivo. Se seu filho abandonar os estudos e voltar para casa ou largar o emprego e voltar para casa, então ganho para e o objetivo não foi alcançado.

Se o objetivo de uma igreja ou sinagoga é fazer discípulos, todo o dinheiro gasto para que pessoas entrem para a organização e para o programa de discipulado seria chamado de despesa de inventário. Todo o dinheiro gasto treinando seu pessoal seria despesa operacional. Se uma pessoa recebe treinamento, se torna um discípulo e permanece um discípulo até a morte, o objetivo foi alcançado. Se ele ou ela não permanece um discípulo, o objetivo não foi alcançado e o ganho não se realiza.

Dois Tipos de Fenômenos na Realização do Objetivo

Há dois fenômenos desafiadores que você enfrentará quando almejar remover restrições que o impedem de ajudar sua organização a alcançar seus objetivos.

O primeiro são os *eventos dependentes*, o que significa que um evento deve acontecer antes que outro evento possa ocorrer. Por exemplo, você não pode imprimir uma logomarca em uma camiseta até que tenha comprado a camiseta em que a logomarca deve ser impressa. Isto é um evento dependente.

Você também experimentará *flutuações estatísticas*. Isso quer dizer que o processo permanece o mesmo, mas está requerendo quantidades diferentes de tempo e esforço para completar cada ciclo.

Por exemplo, digamos que você tem um objetivo de chegar no trabalho dentro de uma determinada quantidade de tempo a cada manhã. Se você faz o mesmo caminho para o trabalho todo dia, o tempo de viagem pode variar baseado na sequência de sinais vermelhos, o tempo, quão rápidos ou devagar os outros motoristas são, um acidente, ser parado numa blitz etc. Isto é uma flutuação estatística.

Para alcançar os objetivos de nossas organizações, a chave é remover os gargalos, as restrições, em nossas organizações. Como podemos fazer isso?

Processo de Cinco Passos para Remover as Restrições

Agora vamos identificar os passos para confrontar/remover as restrições de impedem a eficácia de sua organização.

1: Identifique a maior restrição.

Esta é muitas vezes a parte mais difícil de remover uma restrição. Mas, se você puder identificar a maior restrição, notará que muitas coisas que você pensou serem seus maiores problemas são meramente sintomas daquela restrição.

2: Explore a restrição.

Esprema tudo o que puder da restrição. Uma vez feito isso, é provável que você tenha removido a restrição. Então você pode voltar ao passo um e identificar a próxima maior restrição.

3: Subordine tudo.

Se o passo dois não funcionar, todas as suas outras decisões de liderança devem se focar em remover a restrição identificada no passo um. Tudo na organização que não é uma restrição (não-gargalo) está agora subordinada à restrição (gargalo).

4: Eleve a restrição.

Se o passo três não funcionar, coloque uma importância ainda maior em entender a restrição, pesquisando e dissecando a restrição até seus mínimos detalhes. Examine-as tão detalhadamente quanto for possível para descobrir como quebrar esta restrição.

5: Quebre a restrição.

Em algum ponto do processo você pode descobrir que quebrou a restrição. Quando isso acontecer, volte ao passo um e identifique a próxima maior restrição.

Ao remover estes gargalos, descobrirá que a produção de sua organização fluirá muito melhor. Em uma família, haverá uma redução significativa de estresse. Em uma organização religiosa ou sem fins lucrativos, as pessoas vão querer estar lá mais. Ao ver isto acontecendo, você vai querer permanecer neste processo constante de identificar restrições em sua organização. Como resultado, você também removerá problemas que na verdade são apenas sintomas da real restrição.

Uma vez eu apliquei esta teoria com minha esposa e casamento exatamente como fazia com empresas e outras organizações. Depois de aplicar o processo, não gostei do que descobri. A maior restrição da Sandra era eu! Então tudo o que tinha que fazer era me consertar para ter um casamento maravilhoso.

22

OS CINCO MODELOS
ORGANIZACIONAIS

VOCÊ JÁ FOI ou já esteve na presença de um líder com um estilo de liderança dominador? Se sim, você estava (ou está) vendo alguém que gosta de estar em controle total de toda a organização, o que pode levar ao distresse, ansiedade e raiva. Isto pode fazer com estas pessoas machuquem aqueles que lideram.

Você já esteve com um líder como o que acabei de descrever que teve uma mudança de coração que resultou em uma mudança em seu estilo de liderança? Às vezes, pessoas assim têm uma mudança de coração e mudam para um estilo de liderança bondosa e gentil. Quando isso acontece, muitas vezes estas organizações não são tão eficazes ou produtivas como eram debaixo de seu estilo de liderança dominante. Como resultado, eles voltam ao seu estilo antigo para ter as coisas sob controle. Uma vez que as coisas estão sob controle, eles voltam a ser gentis e bondosos de novo. Então, voltam a ser controladores.

O que eu descrevi acima é o que chamo de estilo de *liderança esquizofrênico*. Líderes que não são equilibrados em sua abordagem tendem a machucar pessoas, o que prejudica as organizações que lideram.

O Modelo Visionário: Líder Passa Visão

A maioria dos líderes tendem a aderir a um de dois modelos. O primeiro é o que às vezes é referido como modelo *de cima para baixo* ou *comando e controle*. É aquele que diz que tudo deve passar por ele. Eu não quero jogar este modelo fora. Eu quero renomeá-lo de *Modelo Visionário*.

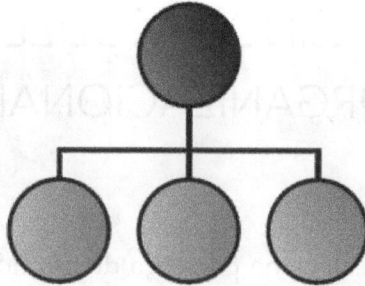

O Modelo de Liderança Servil: Servir, Ensinar, Treinar e Equipar

O segundo é o modelo de *liderança servil*. Este frequentemente não funciona muito bem porque muitas vezes é disfuncional. As pessoas podem se dar bem por um período de tempo. Todavia, conflito acaba acontecendo e frequentemente não é lidado de maneira apropriada uma vez que modelos de liderança servil têm pouca ou nenhuma prestação de contas de seus membros ou voluntários, então a disfunção se instala, conflitos surgem e a organização se torna improdutiva.

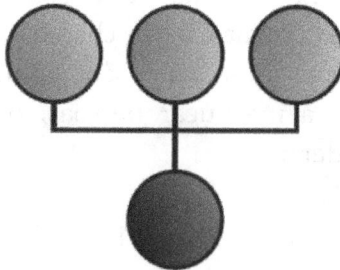

O Modelo de Responsabilidade Funcional: Delegar e Empoderar

Se combinarmos os melhores aspectos do modelo *visionário* e do modelo de *liderança servil*, eu chamo isso de modelo de *responsabilidade funcional*.

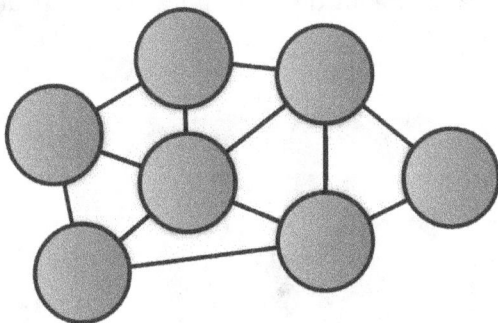

Neste modelo, o presidente executivo ainda é o presidente executivo. O gerente de departamento ainda é o gerente de departamento. A mãe e o pai ainda são a mãe e o pai. O pastor da igreja ainda é o pastor. O rabi ainda é o rabi. O técnico ainda é o técnico. O professor ainda é o professor. Eles estão tentando ganhar consenso através deste modelo, mas se não conseguirem, eles ainda são responsáveis por tomar a decisão. Os papéis e responsabilidades permanecem claros, mas eles estão conectados através de relacionamento. No diagrama acima, quanto mais fina e mais comprida forem as linhas, menor é o relacionamento existente. Quanto mais grossa e menor a linha, mais próximo é o relacionamento.

O Modelo *Relactional*: Empoderar e Liberar

O modelo de *responsabilidade funcional* desenvolve-se em um quarto modelo chamado de *Relactional*. Neste modelo, a abordagem transacional e a abordagem relacional que temos discutido neste livro começam a se unir. É necessário que os relacionamentos sejam saudáveis e que as pessoas entendam seus papéis e tenham a habilidade de cumpri-los. Quando isto acontece, o departamento de vendas quer trabalhar com o departamento de produção. Em outras organizações, áreas em conflito podem agora trabalhar juntas porque entendem que a organização será muito mais forte quando todos trabalham juntos do que numa abordagem de cima para baixo ou de baixo para cima.

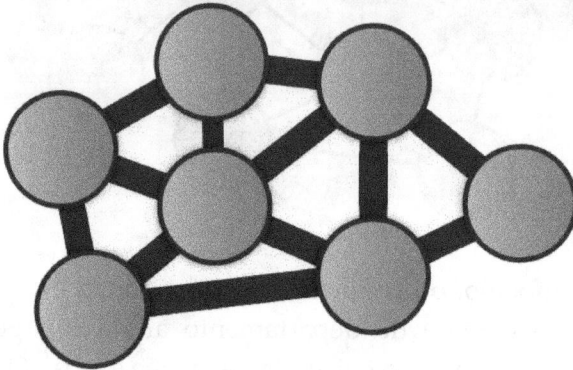

O Modelo de Melhoria Contínua: Avalie

Se ficarmos no modelo *relactional* por tempo suficiente, estes círculos começarão a se intersectar e sobrepor uns com os outros. Quando isto acontece, pessoas começam a se importar tanto com outros departamentos e o sucesso deles quanto com o seu próprio. Elas começam a se comunicar e começam a se importar umas com as outras e o modelo *relactional* se desenvolve em um modelo de *melhoria contínua*. Agora estamos olhando adiante para crescer a organização em vez de olhar para trás.

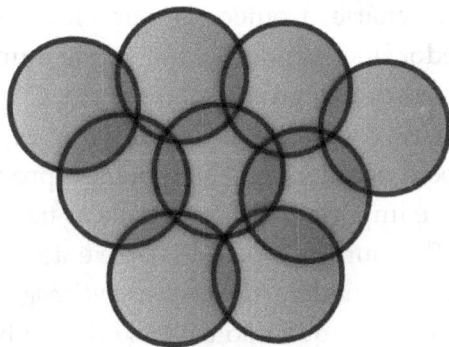

Crescendo de um Modelo para o Outro

Ao passarmos visão, servir, ensinar, treinar, equipar, empoderar, liberar e avaliar (V.S.E.T.E.E.L.A.), ajudamos nossa organização a crescer através destes modelos. O nível de estresse diminuirá. A equipe funcionará junta muito melhor do que se alguém estivesse gritando com ela ou se estivesse sendo negligenciada. Neste modelo, pessoas são responsabilizadas. Descrições de trabalho são claras. Todo mundo está seguindo adiante juntos.

Por exemplo, como estes modelos organizacionais funcionariam nos departamentos de vendas e produção de um negócio?

Vamos começar com o modelo *comando e controle*. O chefe dita o preço e a data de entrega. O vendedor sai e apresenta o preço e termos para o cliente, mas o cliente diz: "Preciso de um preço menor."

O vendedor volta ao chefe com o feedback do cliente. O chefe diz: "Você pode vender por menos e com um prazo de entrega menor."

O pedido segue para o departamento de produção. Eles olham para o calendário e dizem: "Não temos como entregar neste prazo." Agora temos uma briga acontecendo e há tensão constante entre vendas e operações sobre prazo de entrega e preço.

Como esse cenário aconteceria num modelo de *liderança servil*? O vendedor quer vender, então vende a um preço muito baixo, com um prazo de entrega muito curto. O chefe não exige que ele assuma responsabilidade. Quando o departamento de produção recebe o pedido, diz: "Não preciso produzir no prazo de entrega. Não é importante. Vamos colocar na agenda quando der". *Bum!* Conflito surge e o pedido não é entregue no prazo.

Como seria no modelo de *responsabilidade funcional*? Eles começariam a entender que não estão se dando bem e que não têm clareza de seus papéis. Agora que relacionamentos e comunicação estão sendo desenvolvidos, eles podem começar a discutir quem tem a autoridade final para determinar o preço e prazo de entrega. Alguns dos mesmos erros serão cometidos, mas eles acontecerão com menos frequência.

E o modelo *relactional*? A equipe começa a perceber que precisam comunicar uns com os outros. Eles devem ter confiança de saber que todos estão no lugar certo. Eles devem confiar que todos estão fazendo o que é melhor para a organização. Eles pedem desculpas quando há problemas na comunicação e os membros da equipe assumem responsabilidade e aprendem com seus erros.

O modelo *relactional* então flui para o modelo de *melhoria contínua*. Agora reuniões estão acontecendo antes que as ligações de vendas sejam feitas e antes que o calendário de produção seja finalizado. Decisões são tomadas juntos. Quando há desentendimentos não resolvidos, o diretor executivo entra e resolve a questão. Como resultado desse trabalho de equipe, tempo é economizado, vendas aumentam, produção é acelerada e a empresa ganha e mantém mais clientes.

Em uma organização sem fins lucrativos, os funcionários e voluntários serão mais felizes e melhores contribuidores. Numa equipe esportiva, os jogadores e técnicos vencerão mais jogos juntos e terão relacionamentos mais saudáveis. Em uma organização religiosa a equipe será mais feliz e produtiva e os membros vão querer participar de mais programas. Em uma família, os cônjuges se dão melhor, o que leva a um relacionamento mais próximo e melhor exemplo para seus filhos, que começam a desempenhar em níveis mais altos.

Liderança *relactional* leva à melhoria contínua em organizações. Agora vamos explorar como equipes podem alcançar um estado de melhoria contínua ao crescer através destes cinco modelos organizacionais.

23

Os Cinco Estágios de Desenvolvimento de Equipes

HÁ ALGUNS ANOS ATRÁS, recebi uma mensagem em minha secretária eletrônica do diretor atlético da escola de minha filha.

– Ford, preciso de um favor. Nosso técnico de vôlei saiu. Eu sei que você nunca foi técnico de vôlei, e sei que você não tem tempo, mas você assumiria nosso time de vôlei?

Eu liguei de volta para ele e disse:

– Oi, Tom. Aqui é o Ford. Deixe-me responder sua pergunta: eu não tenho tempo e nunca fui técnico de vôlei. O que você quer?

–Bem – ele disse, – como você sabe, nós não temos nenhuma estudante de último ano voltando para o time e apenas uma iniciante voltando. Nosso técnico foi embora e a expectativa é que vamos ficar em último lugar na liga. Eu não tenho tempo de sair para procurar e recrutar um novo técnico.

– Ok, prossiga.

– Em algum momento eu adoraria aplicar o que você tem feito ao nosso sistema escolar, mostrando os resultados que pode produzir num time de vôlei. Acho que posso fazer isso.

– Ok, deixe-me falar com minha filha – eu disse.

Minha filha era a única iniciante retornando, então precisava falar com ela para ver se ela queria que eu fosse seu técnico. Ela disse sim e eu aceitei o convite.

Dirigindo para casa depois do terceiro treino minha filha me perguntou:

– Papai, tem certeza que quer fazer isso?

Eu havia sido técnico de vários esportes com minhas filhas e tinha experimentado um razoável nível de sucesso, mas ela sabia que dessa vez isso seria difícil.

Eu disse a ela:

– Querida, não se preocupe. No sábado vamos reunir o time pelo dia e vamos começar a trabalhar nestas coisas. E ao trabalhar nisso vou ensinar a esse time as ferramentas que ensino em empresas, escolas e igrejas. Nós podemos não ganhar esta temporada, mas ainda assim teremos uma boa temporada. Mas no próximo ano vocês devem ganhar algumas partidas.

Eu também tinha duas armas secretas: dois assistentes que sabiam o jogo de vôlei e uma filha que no fim das contas, com o passar do tempo, me ensinou o jogo. Minha filha na verdade foi *minha* técnica no esporte pela temporada.

Estágio 1: Visionário

Naquele sábado eu lhes ensinei o modelo S.I.D.E.A. Assinamos um pacto coletivo. Descobri quais eram seus objetivos. Ensinei-lhes sobre o hipocampo e como seus pensamentos causam seus sentimentos e ações (P.S.A.). Compartilhei com elas as diferenças entre os cérebros masculinos e femininos. Ao passarmos por tudo isso, aprofundamos nosso pacto coletivo. Quando conflito surgia durante os treinos, parávamos para lidar com ele.

Nosso alicerce foi estabelecido desde o começo, o que fez de nós um time unido dali em diante. Tínhamos uma *visão* de onde queríamos ir como um time. Elas determinaram o objetivo de ganhar uma partida das 23 a serem jogadas.

Estágio 2: Liderança Servil

A partir dali, movemos para o estágio da *liderança servil*. Neste estágio eu usei o modelo de escuta S.I.D.E.A. e o modelo S.I.A.D.O.R. para conduzir os treinos. Eu ouvia as jogadoras primeiro. No início dos treinos, a primeira coisa que eu fazia era pedir para me dizerem algo bom que estava acontecendo em suas vidas. Então eu falava algumas palavras de encorajamento.

Eu pedia que as jogadoras me dissessem algo que fizemos bem e algo que não fizemos bem no último treino. Mais uma vez – eu nunca tinha sido técnico de vôlei. Eu ia para casa de noite e minha filha me ensinava mais sobre o jogo. Ela me ensinava as opções de como armar a defesa e como conduzir o ataque. Tínhamos um técnico assistente que entendia de vôlei. Tínhamos um plano para o treino, mas frequentemente mudávamos a agenda do treino para o dia baseado no feedback das jogadoras. Dizíamos: "Talvez não dê tempo de fazer tudo isso hoje, mas talvez uma parte." Então começávamos o treino depois de todas terem a oportunidade de compartilhar o que achavam que tinham feito bem e o que achavam que não tinham feito tão bem.

Estágio 3: Responsabilidade Funcional

Neste estágio, a ênfase foi que todos tivessem um entendimento claro do papel de cada pessoa no time. Quem é a atacante de ponta? Meio de rede? Quem é o líbero? Quem seriam as capitãs? Clareza de papel era essencial.

Ensinamos às capitãs que elas eram as líderes. É responsabilidade da capitã ajudar a tomar decisões de quem joga onde. Elas aprenderam a lidar com o time quando pessoas estavam com raiva. Elas aprenderam e ajudaram a aplicar o pacto coletivo quando conflitos surgiam.

Com a ajuda do time, as capitãs escreveram o pacto coletivo da equipe. Ele explicava o que aconteceria se um membro do time não respeitasse, cuidasse ou honrasse outro membro do time. Elas disseram que, se isso acontecesse, elas iriam até aquela pessoa individualmente. Se isso não desse certo, elas trariam outro membro do time. Se isso não desse certo, elas trariam o problema para todo o time. Se isso não desse certo, a pessoa estaria fora do time.

Elas também escreveram um pacto coletivo para os pais das jogadoras. Elas decidiram que, se um dos pais gritasse com um juiz, técnico ou uma das jogadoras, aquele pai teria que perder um set. Se eles fizessem isso duas vezes, teriam que perder uma partida inteira. Se fizessem de novo, estariam fora da temporada e teriam que pagar por terapia. E elas fizeram seus pais assinarem o pacto.

No início da temporada tivemos um pai na lateral gritando com sua filha, o que a fez chorar. Eu olhei para ele com as palmas das mãos para cima. Quando me viu, ele se levantou e saiu do ginásio por conta própria. Por causa de nosso pacto coletivo ele sabia que tinha que sair por um set. Cerca de dois jogos depois, ele gritou de novo. Mais uma vez eu olhei para ele do outro lado do ginásio com as palmas das mãos para cima e ele saiu.

Eu o encontrei depois que a partida havia terminado e disse:

– Você entende que se gritar mais uma vez nesta temporada estará fora pelo resto da temporada? Se você gritar com sua filha mais uma vez, você está fora. Eu não grito com elas. Você não pode gritar com elas e você concordou com isso. Eu não posso controlar o que você faz em casa, mas nós todos concordamos em não gritar com elas nos treinos ou nos jogos. E a propósito.... se você gritar de novo, também vai ter que ter aconselhamento profissional porque isso é o que está escrito. Eu cobro U$ 1.000 dólares a hora e adoraria te aconselhar.

Pelo resto da temporada ele não gritou mais com elas.

Estágio 4: *Relactional*

Quais foram os resultados de o time ter passado por esse processo e adquirido essas ferramentas de liderança transformacional? Foi previsto que este time ganharia apenas uma das 23 partidas daquele ano e lembre-se de que não havia nenhuma estudante de último ano retornando e apenas uma iniciante retornando.

Mas o time agora estava no estágio *relactional*. Por quê? Não havia nenhuma ameaça dentro do time. Todas assumiam responsabilidade por como jogavam. Se causavam conflito, aceitavam responsabilidade. Elas tinham aprendido a pedir desculpas umas às outras.

Na última partida da temporada daquela divisão, estávamos jogando contra um time que tinha nos derrotado feio da primeira vez que jogamos contra ele. O vencedor desta partida ficaria em segundo lugar em nossa divisão. Nenhum time na história de nossa escola tinha ficado em segundo lugar. O diretor atlético estava recebendo ligações dos outros diretores atléticos dizendo que ele tinha mentido ao dizer que o técnico nunca tinha treinado um time de vôlei antes. (Lembre, eu tinha uma filha e um técnico assistente que entendiam de vôlei.)

Durante a partida, o outro time ganhou o primeiro set, mas nós ganhamos o segundo. Em nossa partida anterior contra esse time não chegamos nem perto de ganhar o jogo. Elas ganharam o terceiro set e estávamos no quarto set de cinco.

Em um momento do quarto set, estávamos perdendo por cinco pontos e eu pedi tempo. Quando eu pedia tempo, nós fazíamos coisas como dançar em nosso círculo. Eu lhes dava instruções específicas sobre como cobrir a quadra e mudar o jogo, mas era sempre feito com palavras encorajadoras. Eu nunca gritava com elas e dizia a elas que não gritaria. Tratar pessoas assim abaixa ansiedade e as ajuda a terem um melhor desempenho.

Durante o tempo eu disse:

– Vocês estão vendo aquela técnica ali?

– Estamos – elas disseram.

– Ela é má – eu disse, e todas as meninas riram. – Deixe-me dizer algo. Se vocês voltarem para aquela quadra e mergulharem para todas as bolas e não deixarem nada tocar o chão... mesmo que vocês não ganhem o ponto, elas vão ficar frustradas. Elas já estão frustradas que nós ganhamos um set. Elas não sabem o que fazer com isso. Elas esperavam dominar, mas nós estamos no jogo. Se vocês ganharem os próximos cinco pontos, eu vou dizer o que vai acontecer. Aquela técnica vai pular, chutar a cadeira, jogar a prancheta e começar a gritar com suas jogadoras.

No início da temporada eu já tinha lhes explicado sobre como os cérebros masculinos e femininos funcionam. Eu continuei:

– Elas vão pensar na última briga que tiveram com o namorado ou no pai delas, ou vão fazer compras e vão esquecer sobre vôlei.

Todas as meninas riram. Elas voltaram para a quadra. Eu não podia crer, mas elas ganharam os próximos cinco pontos. E como previsto, quando isso aconteceu, a técnica do outro time pulou, gritou: "Tempo!" e começou a gritar com suas jogadoras.

Durante o tempo eu disse:

– Já ganhamos. Voltem para a quadra agora e esperem por elas quando voltarem.

Nós ganhamos a partida. Naquela temporada nosso time teve o melhor recorde da história da escola e ficou em segundo lugar na divisão, perdendo para o time número um da liga, que estava invicto e no topo do ranking estadual em uma divisão superior à nossa.

Estágio 5: Melhoria Contínua

Durante aquela temporada, uma das jovens veio para mim e disse:

– Técnico, posso falar com você?

– Sim, se seus pais concordarem – eu disse.

Eu me encontrei com ela em particular enquanto seus pais a esperavam do lado de fora, e ela compartilhou algumas dificuldades que tinha tido quando era mais nova e que acreditava ser uma razão porque ela causava tanto conflito. Por que ela sentiu liberdade de compartilhar isso comigo? Porque confiava em mim. Eu tinha compartilhado minha história sobre inseguranças e como elas tinham me feito uma pessoa arrogante do ensino médio em diante na minha vida. Tinha compartilhado como isso tinha afetado minha família. Então, ela sabia que tinha a liberdade de compartilhar sua história comigo. Falei sobre o que havia compartilhado e ajudei-a a lidar melhor com isso.

Quando um conflito surgiu cerca de duas semanas depois, ela levantou a mão e disse: "O problema sou eu." Ela então compartilhou sua história com o time. Depois de terminar, três outras pessoas do time disseram que elas também lidavam com aquilo e as inseguranças que resultavam disso.

Depois que haviam liberado seus fardos emocionais, elas se tornaram melhores jogadoras de vôlei. Fortaleceram-se como time. Poderiam, agora, entrar no estágio de *melhoria contínua*. Podiam trabalhar juntas, treinar juntas, planejar juntas e jogar juntas. Elas acreditavam que a opinião de todas importava. Aquele pequeno time de jovens moças, estudantes do ensino médio, partiram de um lugar em que não achavam que poderiam ganhar mais do que uma partida e ficaram em segundo lugar em sua divisão.

Estas são as ferramentas que nos ajudaram a vencer mais. Elas também podem ajudar sua organização a vencer mais. Seja intencional em usá-las não importa onde você esteja liderando.

Para mim, a melhor parte daquela temporada foi poder trabalhar com minha filha. Embora eu tivesse a habilidade de ensinar o time a se dar bem e trabalhar junto, eu tinha pouco conhecimento sobre o jogo de vôlei. Quando íamos para casa à noite, ela me ensinava sobre vôlei. Nos treinos e nos jogos eu agia como se soubesse o jogo baseado no que ela estava me ensinando de noite. Nos jogos, eu dizia para as meninas: "Se eu disser para fazer algo e Quincy disser outra coisa, ouçam o que ela disse." Eu fui responsabilizado pela vitória daquele time e minha filha recebeu muitos elogios por ser uma ótima jogadora. Mas a verdade é que ela foi uma ótima técnica para mim também. Que experiência legal que pude compartilhar com ela.

Parte 5

CRESCENDO COMO LÍDER *RELA*CTIONAL

24

V.P.M.O.E.A.:
Nossa Missão na Vida

UM DIA, ALFRED NOBEL PEGOU UM JORNAL e leu sobre sua própria morte quando, na verdade, fora seu irmão que havia falecido. Ao ler o jornal, ele percebeu que seria para sempre lembrado, primeiramente, como o homem que criou a dinamite. Seria lembrado como o homem cuja invenção havia matado pessoas. Ele decidiu que não queria ser lembrado assim.

Então, o que ele fez a respeito disso? Criou o Prêmio Nobel da Paz para que fosse lembrado pela paz em vez de morte e destruição.

Siga o exemplo de Alfred Nobel e considere seu legado. Esta pode ser uma das coisas mais importantes que você vai fazer. Separe tempo para escrever estas coisas.

1. O que você quer escrito no seu túmulo?
2. Quando morrer, o que quer que seja dito em seu funeral? Como você quer que seu cônjuge, seus filhos, amigos e colegas lembrem-se de você?
3. Baseado em seu túmulo e obituário, que valores você deveria estar vivendo aqui e agora?

Depois de escrever estas coisas, embarque no processo V.P.M.O.E.A. Você pode fazer isso para si mesmo e para sua organização.

O Processo V.P.M.O.E.A.

V = Visão

Que realidade futura você está buscando? A que você aspira ou o que sonha realizar? Onde você está indo como líder? Escreva. Esta é sua declaração de visão.

P = Propósito

Por que você buscaria essa visão? *Por que* você está aqui? Esta é sua declaração de propósito.

M = Missão

O que você está disposto a fazer que talvez outros não estejam, para tornar sua visão uma realidade? O que distingue você? Esta é sua declaração de missão.

Ao escrever suas declarações de visão, missão e propósito, não fique preso na semântica de qual é a missão, qual é o propósito e qual é a visão. Responda as perguntas de reflexão acima da melhor maneira que puder.

O = Objetivos

Em seguida, identifique 3 a 6 objetivos que você quer realizar em um ano a um ano e meio para levar você em direção à sua visão, propósito e missão. Estes objetivos são suas metas como líder. Depois de adquirir alguma experiência com esse processo, você pode escrever 5 a 6 objetivos a cada ano ou regularmente.

E = Estratégias

Identifique 2 a 3 estratégias que podem ajudar você a realizar cada objetivo/meta.

A = Ações

Agora identifique ações específicas que você precisa fazer para implementar cada estratégia em 1 ano a 1 ano e meio. Que ações específicas seriam mensuráveis se você executar estas estratégias?

Mais uma vez, não se prenda na semântica de se algo é um objetivo, estratégia ou ação. Somente escreva e execute.

Aplicação V.P.M.O.E.A.

Este processo vai facilitar como você prioriza sua vida, fazendo com que o nível de estresse diminua significativamente. Ele ajudará você a simplificar os processos de tomada de decisão. Quando houver uma solicitação de seu tempo e energia, você simplesmente pergunta: "Isso me ajudará a cumprir minha visão? Este tipo de atividade se alinha com minha visão, missão e propósito? Isso afetaria o que gostaria que outros falem sobre mim em meu funeral? Isso afetaria as palavras em meu túmulo?"

Ao priorizar sua vida e liderança dessa maneira, as pessoas observarão sua vida e poderão dizer que "Você tem sorte." Sorte é onde o caminho da preparação cruza o caminho da oportunidade. Com tempo, quando estamos preparados e a oportunidade vem, vemos que estes se tornam pontos de destino. Na verdade, não tem a ver com sorte. Tem a ver com preparação encontrando oportunidade que nos leva ao destino que desejamos.

Pessoas frequentemente me dizem: "Ford, gostaria de ter feito esse processo de V.P.M.O.E.A. mais cedo." Eu entendo. A primeira vez que passei por esse processo, acabei no chão, chorando, ao comparar o que tinha escrito com o que minha vida refletia na realidade. Sua vida pode não ser tão bagunçada internamente como a minha era, então talvez você não experimente isso. Mas, se você derramar algumas lágrimas, não fique incomodado. Elas vão ajudar você com o processo de cura.

Encorajo você a fazer desse processo uma prioridade. Se você tirar tempo para escrever isso, será capaz de olhar adiante para sua visão com expectativa. Você também será capaz de olhar para trás em sua vida e ver como estes pontos em seu passado não foram sorte boa ou ruim. Mais provavelmente, eles eram pontos de destino, movendo você em direção ao cumprimento de sua visão escrita.

Uma das coisas mais importantes para mim é minha família. Se recebo uma ligação me chamando para viajar para consultar, ensinar ou treinar, a primeira coisa que faço é checar com minha esposa. Como este compromisso afetaria nossa agenda? Como afetaria minha agenda? Minhas filhas têm alguma atividade que é tão importante para elas que eu não deveria perder? Se eu não viver e liderar assim, o que escrevi como meu epitáfio não acontecerá.

25

ESTRADA PARA A TERRA DO NUNCA

MUITOS DE NÓS DIZEMOS que há certas coisas que *nunca* faríamos. Quase sempre nesta lista há algo que a gente acaba fazendo. Nós acabamos levando aquela queda ou escorregão traiçoeiro que nos desvia de nosso caminho e nos leva à "Terra do Nunca", um lugar onde dissemos a nós mesmos que nunca iríamos. A estrada para a Terra do Nunca é pavimentada com boas intenções bem como tentações e provações.

Uma das minhas Terras do Nunca era que eu nunca iria me divorciar ou trair minha esposa. Da minha perspectiva, ao viajar a negócios, eu estava experimentando sentimentos de rejeição, e a distância emocional entre minha esposa e eu começou a crescer. As viagens, sentimentos de rejeição e distância emocional continuaram a aumentar.

Logo eu comecei a ter fantasias sobre outra pessoa que não era minha esposa. Inevitavelmente eu agi nessas fantasias e fiz exatamente aquilo que havia dito que nunca faria.

Todos temos um "lugar" de quem aspiramos ser ou como queremos ser vistos por outros. Este lugar é nosso *eu ideal*. Por outro lado, há aquela pessoa que realmente somos, o *eu real*.

Todos experimentamos uma lacuna entre o eu ideal e o eu real. Quanto maior a lacuna, maior o estresse por tentarmos esconder o que realmente está acontecendo. Quando o estresse entra em cena, nossos corpos são como um carro quebrando. Quando um carro está cheio de gasolina, óleo, fluido de transmissão e tem boa pressão nos pneus e as correias estão fortes, o carro normalmente anda bem. Mas se uma dessas coisas começa a falhar, você vai ter que parar o carro, sob o risco de queimar o motor ou o carro quebrar de alguma maneira.

Por experiência própria, eu posso lhe dizer que dirigir um carro sem óleo irá destruir o motor em algum momento. Se o pneu furar você não pode continuar dirigindo. Nossos corpos são assim também. Quando nossos corpos estão plenamente abastecidos com serotonina, o hormônio que nos mantém em equilíbrio, provavelmente dormimos bem, nos exercitamos e comemos bem. Nestas condições, nosso nível de estresse é baixo. Nossos corpos também precisam de equilíbrio na dopamina, o que nos faz querer ter relacionamentos com outras pessoas.

Quando a lacuna entre nosso eu ideal – ou pelo menos quem projetamos ao mundo que somos – e nosso eu real aparece, estresse entra em nossas vidas. Quando isso acontece, nossos níveis de serotonina e dopamina entram em desequilíbrio. Nosso sistema adrenal fica completamente maluco e nossos corpos começam a liberar doses de adrenalina quando não deveria.

Se nosso sistema adrenal começa a dar problema, começamos a ter sintomas de ansiedade tais como alto batimento cardíaco, mãos frias e pensamentos negativos. Em última instância, este processo de decadência – se não lidamos com ele – levará à depressão. Em estado de depressão, o que costumava ser lógico agora passa a ser ilógico e o que costumava ser ilógico agora passa a ser lógico. Como expressei em minha carta de suicídio anteriormente neste livro, fazia sentido para mim que, seu eu tirasse minha própria vida, minha família ficaria melhor. Pensando sobre isso agora, isso é totalmente ilógico.

Suicídio pode seguir depressão e ele pode vir em muitas formas. Pode ser emocional, físico, relacional, financeiro, mental ou profissional. Não tem que ser necessariamente morte física. Pode ser um divórcio, dois melhores amigos que não se falam, dois sócios em negócios se separando, uma igreja se dividindo ou atletas deixando times.

Eis como isso acontece.

À medida que o tanque de gasolina de uma pessoa se esvazia, ela frequentemente se torna controladora e manipuladora. Ela gradualmente começa a se retrair porque não quer que ninguém saiba o que realmente está acontecendo, continuando a projetar seu eu ideal para o mundo. Num estágio avançado de controle e manipulação, a pessoa começa a ter comunicação complicada. Você não consegue extrair toda a verdade de alguém nesta condição.

A próxima coisa que acontece é que a pessoa começa a atacar e desacreditar qualquer um que reconheça o que realmente está acontecendo. A pessoa que está tentando ajudar – talvez um amigo ou um cônjuge – muitas vezes se sente totalmente rejeitado e decide acabar o relacionamento. Ou, a pessoa passando pelo problema se afastará completamente do ajudador e de outros relacionamentos em sua vida. Talvez você tenha visto isso acontecer com pessoas ao seu redor. Talvez isso tenha acontecido com você. Isso claramente aconteceu comigo, e sou grato por poder ajudar outros com isso agora.

A única maneira de superar isso é fechar a lacuna entre o eu ideal e o eu real, restaurando a força e energia da pessoa. Vamos explorar uma maneira de ajudar, caso você esteja sentindo que seu tanque de gasolina está no nível baixo.

Primeiro, pense sobre as coisas, comidas, pessoas, lugares e atividades que *enchem* seu tanque. Anote essas coisas.

Agora, faça uma lista dos mesmos tipos de coisas que *esvaziam* seu tanque. Você pode descobrir que há até pessoas em sua vida que você precisa evitar. Talvez você precise eliminar algumas atividades.

Ao continuar este processo, eu o encorajo a gastar menos tempo no que esvazia seu tanque e, em contrapartida, focar mais tempo e energia naquilo que enche seu tanque.

E se você estiver tendo pensamentos suicidas, por favor fale com seu médico. Eu garanto a você que há esperança do outro lado. Você não está sozinho, embora possa parecer que sim. Não se prenda a isso. Procure ajuda. Não tente sair dessa sozinho.

26

AMIGOS DE EMPURRÃO

POR CAUSA DO MEU ORGULHO que me desviou para a Estrada para Terra do Nunca, eu não convidei ninguém que pudesse me confrontar para me ajudar a permanecer no rumo certo para minha visão, missão e propósito. Eu precisava de alguém que confiasse para quem pudesse dizer: "Estou viajando muito e estou me sentindo rejeitado em casa. Por causa disso, sinto que estou me desviando do meu caminho." Eu precisava de um *amigo de empurrão*.

Um *amigo de empurrão* é alguém que ama você o suficiente para dizer quando você estiver se desviando do caminho e para colocar você de volta nele. É também alguém que você confia o suficiente para dizer quando você sente que está se desviando do caminho para uma de suas Terras do Nunca.

Um bom amigo de empurrão teria me dito: "Fala sério. Vamos esclarecer as coisas aqui. *Você* está fora o tempo todo, e *você* está se sentindo rejeitado? Talvez você se sinta rejeitado, mas há uma boa chance de você estar causando a rejeição." Esse tipo de confrontação teria ajudado a me colocar de volta no caminho certo e permanecer no lugar de não fazer o que eu havia dito que não faria.

Façamos de conta que voltei ao caminho certo, mas gradualmente comecei a me desviar da estrada de novo, indo na direção errada. Considere a dor e estrago que poderia ter evitado se tivesse dito para meu amigo de empurrão: "Tem essa mulher a quem estou me sentindo atraído. Não sei o que fazer sobre isso."

Um bom amigo de empurrão teria dito: "Pare de viajar. Leve sua esposa e filhas para a casa de seu pai e sua mãe. Vá reavivar seu casamento." Isso é o que um bom amigo de empurrão faria.

Agora estou cercado por dezenas de amigos de empurrão. Em toda cidade e país que visito, tenho amigos de empurrão que amo e confio. Não há nada que não posso compartilhar com eles, se precisar. E não há nada que eles não possam me dizer se sentirem que de alguma maneira estou me desviando de meu caminho. Nossos relacionamentos são baseados em amor e confiança.

Agora mesmo, faça uma lista das pessoas em sua vida que poderiam ser bons amigos de empurrão para você. Quem são os amigos que lhe amam o suficiente para lhe dizer a verdade? Quem são os amigos que você confia o suficiente para compartilhar a verdade do que *realmente* está acontecendo? Eu recomendaria que você escolhesse amigos de empurrão que entendam conceitos críticos como V.S.E.T.E.L.A., pacto coletivo, o modelo S.I.D.E.A., P.S.A., V.P.M.O.E.A., como lidar com raiva e entendendo sua autoidentidade. Se não puder achar pessoas que entendam as ferramentas que você está aprendendo neste livro, considere esta uma oportunidade para ensiná-las.

Amigos de empurrão não precisam ser perfeitos, mas eles precisam ser pessoas que estão em sua vida tais como cônjuges, amigos, familiares e colegas. Ao convidar seus amigos de empurrão para um relacionamento mais profundo com você, estes relacionamentos crescerão à medida que confiança é construída e à medida que você permitir que essas pessoas lhe falem a verdade.

Ninguém pode ficar na Estrada para a Terra do Nunca e cumprir seu propósito de vida sem amigos de empurrão para ajudar. Não tente fazer isso sozinho. Muito está em jogo. Não podemos alcançar nosso potencial de liderança sozinhos. Precisamos uns dos outros.

CONCLUSÃO

AO APLICAR ESTAS ferramentas e processos de liderança *relactional* e transformacional todos os dias, eles se tornarão parte de seu estilo de vida. Eles se tornarão parte de quem você é. Eu o encorajo a começar a usá-los hoje.

Você saberá que está se tornando um líder *relactional* quando, ao caminhar com outros, nenhuma "transação" poderá separá-los. Isso não quer dizer que você não possa trabalhar em outro lugar ou jogar em outro time, mas não vai ser por causa de uma transação em seu relacionamento. Você pode se firmar no fundamento do relacionamento e olhar para ambas extremidades do contínuo, com pessoas altamente relacionais de um lado e pessoas altamente transacionais do outro. Você descobrirá que nenhum dos dois o aborrece. Você terá descoberto uma necessidade para ambos em toda organização ou esfera em que você tem influência. Isso quer dizer que você é verdadeiramente um *líder transformacional* e terá maior influência em toda organização ou esfera de influência em que você vive, joga ou trabalha.

Vou encerrar com um resumo de algumas ferramentas e ingredientes que discutimos. Estes são os ingredientes que eu colocaria em seu bolo de liderança primeiro. Quanto mais ingredientes você usar, melhor seus relacionamentos serão. Melhores relacionamentos diminuem o estresse e ansiedade, o que leva a um maior desempenho.

Pacto Coletivo

1. Sente-se com um membro da equipe, a equipe toda ou sua família e pergunte: "Quando estivermos

juntos, como queremos tratar uns aos outros?"
Escreva a lista de palavras que descreve como
querem se tratar.
2. Faça esta pergunta: "Como gostaríamos de lidar se
um de nós quebrar este acordo?" Ou, "Que
processo usaremos para resolver a quebra deste
acordo?"

Como Abordar Alguém

1. Humildade
2. Pré-perdão
3. Amor
4. Verdade

Autoavaliação

1. Veja.
2. Assuma responsabilidade.
3. Mude.

P.S.A.

1. Mude o pensamento.
2. Mude o sentimento.
3. Mude a ação.

Pedido de Desculpas em Seis Passos

1. Diga a ofensa.
2. Reconheça seu erro.
3. Desculpe-se.
4. Peça perdão.
5. Peça para ser cobrado para não fazer a mesma coisa.
6. Pergunte se há algo mais.

O Processo Disciplinar

1. A Reunião Extraoficial
2. A Primeira Reunião Oficial
3. A Segunda Reunião Oficial (sucesso ou faça as perguntas de novo)
4. Sucesso ou consequências

Palavras de Encorajamento

1. Remova frases não sinceras.
2. Faça contato visual.
3. Coloque o foco na outra pessoa (Não bajule.)
4. Seja honesto.
5. Fale diretamente à pessoa.

Modelo de Escuta S.I.A.D.O.R.

S = SILÊNCIO.
I = Incline-se para a conversa.
A = Mantenha uma postura ABERTA.
D = Esteja DISPOSTO a se envolver.
O = OLHO no olho, contato visual.
R = Relaxe, Responda e Repita.

Etiqueta de Email

1. Não presuma energia ou emoção em e-mails.
2. Use uma saudação em seus e-mails.
3. Use o canal de comunicação em que você quer que a pessoa responda.
4. Tenha cuidado ao usar negrito e maiúsculas.
5. Escreva uma linha de assunto clara.
6. Se estiver tratando de vários assuntos, use números ou pontos.
7. Mantenha as conversas intactas.
8. Limite o envio de e-mails com cópia carbono (Cc) ou cópia carbono oculta (Cco)
9. Não resolva conflitos por e-mail.
10. Evite o uso de palavras no contexto errado.
11. Elimine o uso de palavrões.

Processo de Sete Passos para Lidar com Pessoas Irritadas

1. Fique em silêncio.
2. Fique em silêncio.
3. Fique em silêncio.
4. Agradeça à pessoa pelo feedback.
5. Repita o que foi dito para ter certeza que você entende o que a pessoa disse.
6. Comprometa-se a dar seguimento.
7. Comprometa-se e faça algo com relação ao problema quando tiver todos os detalhes.

Modelo S.I.D.E.A. para Reuniões Eficazes

S = Saudação
I = Inquira/Interaja
D = Discuta
E = Empodere
A = Acione

V.S.E.T.E.E.L.A. e Lidere

V = Visão
S = Servir
T = Ensinar
T = Treinar
E = Equipar
E = Empoderar
L = Liberar
A = Avaliar

Processo de Cinco Passos para Remover Restrições

1. Identifique a maior restrição.
2. Explore a restrição.
3. Subordine tudo mais à restrição.
4. Eleve a restrição.
5. Quebre a restrição.

Modelos Organizacionais

1. Modelo Visionário
2. Modelo de Liderança Servil
3. Modelo de Responsabilidade Funcional
4. Modelo *Relacional*
5. Modelo de Melhoria Contínua

Os Cinco Estágios de Construção de Equipes

Estágio 1: Visionário
Estágio 2: Liderença Servil
Estágio 3: Responsabilidade Funcional
Estágio 4: *Relactional*
Estágio 5: Melhoria Contínua

V.P.M.O.E.A.: Nossa Missão na Vida

V = Visão
P = Propósito
M = Missão
O = Objetivos
E = Estratégias
A = Ações

Amigos de Empurrão

1. Pessoas que o amam o suficiente para lhe falar a verdade.
2. Pessoas que você confia o suficiente para lhes dizer se sua mente ou coração estão se desviando do caminho.

Enchedores e Esvaziadores do Tanque de Gasolina

Enchedores	Esvaziadores

REFERÊNCIAS

[1] Chambers, Oswald. **Tudo Para Ele**: Um clássico da literatura cristã. Curitiba: Publicações Pão Diário, 2015.

[2] Chapman, Gary. As 5 Linguagens do Amor. São Paulo: Mundo Cristão, 2013.

[3] A Pirâmide de Aprendizagem, World Bank https://siteresources.worldbank.org/DEVMARKETPLACE/Resources/Handout_TheLearningPyramid.pdf

[4] Goldratt, Eliyahu e Cox, Jeff. M. **A Meta**. ed. ampliada. São Paulo: Claudiney Fullmann, 1993.

www.ingramcontent.com/pod-product-compliance
Lightning Source LLC
Chambersburg PA
CBHW030935220326
41521CB00040B/2327